JN415872

시와 뇌

인공지능총서

인공지능 시대입니다. 기계가 인간의 인지를 대신하고, 사물이 인간을 통하지 않고 다른 사물과 직접 커뮤니케이션합니다. 이에 따른 인간 삶과 문명 변화를 정확히 이해·예측·대응하는 것은 이 시대 우리 모두의 과제입니다. 인공지능총서는 인공지능 기술과 환경의 여러 주제를 10가지 키워드로 정리합니다. 관련 개념과 이론, 학계와 산업계의 쟁점, 우리 일상의 변화를 다룹니다. 인간과 기술의 현재, 미래를 세심히 분석합니다.

일러두기

- 인명, 작품명, 저서명, 개념어 등은 한글과 함께 괄호 안에 해당 국가의 원어를 병기했습니다.
- 외래어 표기는 현행 어문규정의 외래어표기법을 따랐습니다. 다만 '딥러닝', '딥마인드', '딥페이크' 등은 관행을 따랐습니다.

처음이세요?

전문가세요?

AI와 뇌

강태우 · 문제일 · 최지웅

대한민국, 서울, 커뮤니케이션북스, 2025

시와 뇌

지은이 강태우 · 문제일 · 최지웅
펴낸이 박영률

초판 1쇄 펴낸날 2025년 2월 3일

커뮤니케이션북스(주)
출판 등록 2007년 8월 17일 제313-2007-000166호
02880 서울시 성북구 성북로 5-11
전화(02) 7474 001, 팩스(02) 736 5047
commbooks@commbooks.com
www.commbooks.com

ISBN 979-11-7307-383-0 03500

책값은 뒤표지에 표시되어 있습니다.

차례

AI와 뇌

The real voyage of discovery consists not in seeking new landscapes but in having new eyes.

진정한 발견은 새로운 땅을 찾는 것이 아니라 새로운 눈으로 보는 것이다.

마르셀 프루스트(Marcel Proust)

이 책을 한마디로 정리하자면 인간 뇌가 만들어 내는 감각의 향연에 대한 집요한 고찰과 묘사로 기억되는 프랑스 작가 마르셀 프루스트의 말로 정리할 수 있다. 왜냐하면 이 책은 인공지능에 대한 심층 지식이나 인공지능과 뇌의 차이점에 대한 전통적인 접근을 다룬 책이 아니기 때문이다. 이 책은 뇌가 만든 세상과 인공지능의 등장으로 잠식되는 뇌가 만든 세상을 다면적으로 바라보며 탐험한 필자들의 기억이다. 같은 사물을 다른 각도에서 보면 전혀 다른 모습으로 보이는 것처럼, 필자들이 본 세상을 아직 보지 못한 사람에게 자기 눈으로 직접 탐험할 결심을 선물하길 소망한다.

뇌는 우리의 생각, 감정, 행동을 만들어 내는 기관이며, 인공지능(AI)은 인간의 지능을 모방하고 뛰어넘으려는 인류의 오랜 꿈을 구현하는 기술이다. 생물학적 뇌는 수십억 년의 진화를 통해 발달한 복잡한 시스템으로, 학습, 기억, 감정, 창의성 등 고차원적인 인지 기능을 수행한다. 반면 AI는 인간이 설계한 알고리즘과 데이터를 기반으로 작동하는 시스템으로, 특정 문제를 해결하도록 프로그래밍한 지능이다. 뇌와 AI는 정보 처리 방식, 학습 능력, 그리고 목적 등에서 분명한 차이를 보이지만, 동시에 인간의 지능을 다룬다는 공통점을 가지고 있다. 그리고 가장 큰 공통점은 뇌와 AI 모두 어떻게 작동하는지 잘 모른다는 것이다. 이에 필자들은 이처럼 닮은 듯 다르며 복잡하고도 매혹적인 뇌와 AI라는 두 가지 주제를 깊이 있게 탐구하며, 인류의 미래를 향한 깊은 성찰을 제시하고자 한다.

알파고라는 바둑 게임의 모습으로 인간 최고의 바둑 기사를 농락하면서 우리에게 놀라움과 두려움을 동시에 선물하며 나타난 AI는, 다시 몇 년 후 내 마음을 들여다 보는 것 같은 오랜 채팅 친구 챗지피티(Chat-GPT)의 모습으로 나타나 그간 알파고의 등장으로 갖게 된 막연한 두려움을 무장 해제하며 빠르게 우리 삶의 중심에 자리

잡았다. 이처럼 현대 사회에서는 과거 상상 속에서나 가능했던 기술이 무척이나 빠르게 현실화하고 있으며, AI는 이러한 변화의 핵심 동력으로 작용하고 있다. 실제 AI는 이미 우리 삶의 많은 부분에 깊숙이 스며들어 있다. 가깝게는 핸드폰과 TV, 세탁기와 청소기 같은 생활 가전기기 분야는 물론, 의료 분야에서는 질병 진단과 치료에 활용되고 있으며, 금융 분야에서는 투자 의사 결정을 지원하고, 자율주행 자동차가 교통 시스템을 혁신하고 있다. 또한 예술 분야에서도 창작 활동에 참여하며 인간의 창의성을 확장하고 있다. 이제 인공지능은 단순히 인간 육체노동을 대체하는 것을 넘어, 인간 지식 노동을 대체하며 인간의 잠재력을 극대화하고 새로운 가능성을 열어 주는 역할을 하고 있다. 분명 AI의 급격한 발전은 인류에게 전례 없는 변화를 가져왔다. 과거에는 상상 속에서나 가능했던 일들이 현실이 되면서, 우리는 뇌라는 생물학적 한계를 넘어 AI라는 새로운 지능과 공존하는 시대를 맞이하게 되었다. 이처럼 분명하고 확실하게 AI는 인간 삶의 전 분야에서 혁신을 일으키며, 미래 사회를 변화시키고 있다. 그리고 AI의 발전을 지켜보는 인간에게 인간 존재의 의미에 대한 근본적인 질문을 던진다. 또한 AI가 뇌의 역할을 얼마나 대신할 것인지, 또 그런 세상에서 과연 인간은 AI에게 얼마만큼의 영역을 허용할 것인지에 대한 사회적 그리고 철학적 공론도 시작되었다. 흥미롭게도 AI에 대한 주목은 그간 용도만 확실했던 뇌에 대한 궁금증 역시 함께 증폭시켰다. 사실 그간 정체를 겪고 있던 AI 기술 개발은 20세기 말 3차 산업 혁명인 정보혁명 도래와 동시대에 태동한 본격적인 뇌 과학 분야 발전으로 돌파구를 찾았다. 궁극의 컴퓨터로 뇌를 주목했고, 뇌 신경망을 모방해 인간의 지능을 모사하려는 노력은 현 AI 발전에 변곡점을 제공했다. 그런데 현재 진행중인 뇌와 AI의 만남은 과연 인류에게는 축복일까, 저주일까? 이 질문에 대한 답을 찾아가는 과정은 결국 인간이라는 존재와 미래 사회의 모습을 탐구하는 여정과 함께 갈 수밖에 없다. 이에 필자들은 이 책에서 단순히 기술적인 측면에서 AI를 다루는 데 그치지 않는다. 뇌 인지과학, 인공지능, 신경 윤리학 등 다양한 학문 분야의 전문가들이 함께 모여, AI와 뇌의 차이점을 살펴보며 AI가 인간 사회에 미칠 수 있는 영향을 다각적으로 분석하고 미래 사회의 모습을 예측해 보았다. 이를 위해 우선 뇌와 AI의 유사점과 차이점을 심층적으로 비교 분석하고, 이를 통해 뇌가 주관하는 인간의 정체성, 윤리, 사회 구조 등 다양한 측면에서 발생할 수 있는 문제점들을 짚어 보았다. 아울러 AI의 등장이 우리에게 던진 "AI가 인간의 지능을 뛰어넘는 순간, 인간은 여전히 특별한 존재일까?", "인간만이 가질 수 있다고 생각했던 창의성, 감성, 의식 등이 AI에게도 가능해진다면, 우리는 무엇으로 우리 자신을 정의할 수 있을까?"와 같은 질문들을 뇌 과학, 인지 과학, 인공지능, 철학 등 다양한 학문 분야의 전문가들이 현재까지의 연구 결과를 종합해서 깊이 있게 탐구하고 AI 기술 발전이 가져올 긍정적인 측면과 부정적인 측면을 객관적으로 분석해, 인간다움이란 무엇인지, 그리고 인간과 AI가 공존하는 미래 사회는 어떤 모습일지에 대한 다양한 시나리오를 제시한다. 특히, 인공지능의 윤리적 문제, 사회적 영향, 그리고 인간과의 관계 등 다양한 측면에서 심층적인 논의를 펼친다. 이러한 논의를 통해 AI 시대를 살아가는 우리에게 필요한 지혜를 얻길 기대한다.

위에서 언급한 내용들에 대해 필자는 챕터별로 나눠 아래와 같이 깊이 있게 논의한다.

1부 '뇌를 닮은 AI'에서는 인공 신경망을 중심으로 뇌의 신경망 구조와 정보 처리 방식을 탐구하고, 이를 바탕으로 발전해 온 AI의 역사를 살펴본다. AI는 명칭에서도 알 수 있듯이 인간의 지능을 모방하는 시도를 통해 발전했다. 먼저 뇌의 구조와 기능 관련한 정보 처리 및 전달 방식을 알아보고, 뇌가 이를 모사하려는 방식과 시도들에 대해 개괄한 후, 인공지능의 간단한 역사에 대해 알아본다.

2부 'AI로 편리해지는 삶'에서는 AI가 우리 삶에 가져올 긍정적인 변화를 다양한 사례를 통해 제시한다. 소비자, 에너지/자원과 산업재, 금융, 정부와 공공, 생명 과학과 헬스 케어, 첨단 기술, 미디어 및 통신 부문 등 AI 기술이 인간의 삶을 편리하게 만드는 분야들에 대해 알아본다. 챗지피티의 출현으로 한 단계 진화한 생성형 대규모 언어 모델(LLM)의 도입은 AI의 적용 분야를 더욱 확대해 그 한계의 끝을 상상할 수 없게 만들고 있다.

3부 '청출어람, 인공지능'에서는 인간을 넘어선 존재의 탄생에 대한 고민을 공유해 본다. AI가 인간의 능력을 뛰어넘는 영역에 대한 가능성을 탐구한다. 인공지능은 우리의 삶을 보다 편리하게 해 주는 수준을 넘어서고 있다. 창의성과 창조는 인간만이 가능한 행위라고 인식해 왔으나, 이제 인공지능이 이러한 영역에까지 영향을 미치고 있다. 인공지능을 통해 생명을 창조하는 바이오 분야의 사례를 중심으로 인공지능이 미래 사회에 어떻게 진화할지 살펴보고자 한다.

4부 '일반 인공지능 시대'에서는 인류의 미래를 향한 질문을 던진다. AI가 발전하면서 한정적인 기능을 담당하는 특정 목적 인공지능을 넘어서 인간의 수준 또는 이를 뛰어넘은 일반 인공지능(AGI) 시대로 접어들고 있다. AGI의 의미와 다양한 AGI 개발 현황들에 대해 소개하고 그 실현 가능성에 대한 여러 의견을 소개한다,

5부 'AI와 다른 뇌의 모습'에서는 뇌와 AI의 구조와 기능의 차이에 대해 살펴본다. 인간의 뇌와 인공지능(AI)은 구조와 기능, 그리고 감정 처리 능력에서 근본적인 차이를 보인다. 현재 AI는 인간의 뇌가 가진 복잡한 기능, 특히 감정과 관련한 기능을 모사하는 데 한계를 보이고 있다. 이에 뇌와 AI의 구조적, 기능적 차이점을 살펴보는 한편, 지적 활동에서 감정의 중요성을 짚어 보며 뇌와 인공지능이 과연 얼마나 다른지를 논의한다.

6부 '뇌와 AI, 그리고 철학'에서는 과연 뇌가 만들어 내는 인간다움이란 무엇인가 하는 점에 대해 논의한다. 우리의 뇌에서는 학습, 인지, 추론뿐만 아니라 취향, 감정, 인식, 의지, 직관 등 다양한 사고 과정이 일어난다. 오래전부터 사람들은 이러한 인간의 사고에 대해 알고 싶어 했고, 기술의 발전과 AI의 출현으로 인해 인간의 사고에 대한 철학적 논의 역시 새로운 국면을 맞이하고 있다. 철

학적 관점에서 인간의 뇌와 AI에 대해 개괄적으로 논의한다.

7부 'AI의 의식 구현 가능성'에서는 뇌와 AI의 경계를 고민해 본다. 자아의식과 사회적 작용이 인간을 만물의 영장으로 만들었다. 인간의 의식이 뇌의 생물학적 작용을 통해 이뤄지는 것임은 분명하지만 그 작동 기제와 원리는 아직도 규명되지 않았으며, AI가 이를 모사할 수 있을지에 대해 다양한 해석과 고민이 이루어지고 있다. 과연 인간의 의식이라는 것은 무엇일까에 대해 고찰한다.

8부 'AI와 새로운 사회 문제들'에서는 AI의 등장으로 마주친 새로운 도전과 기회에 대해 논의한다. AI의 편향성과 차별 가능성은 SNS나 OTT 등 사회 여러 면면에 영향을 미치고 있다. 이러한 편향성은 인간 사회에서도 발생하는 것으로, 이를 신경 과학 측면에서 설명하고 악영향을 최소화하기 위한 방법을 고민해야 함을 설명한다.

9부 '뇌와 인공지능의 공존'에서는 새롭게 등장한 AI와 뇌의 공존에 대해 이야기한다. 뇌가 AI 발전에 영향을 주는 것과 함께 AI 확산에 따라 인간의 뇌 발달 정도 또한 달라지고 있다. AI와 뇌가 서로 영향을 주면서 변화하고 있는 최신의 모습과 미래 방향성을 설명하고 발전적 모습을 제시한다. 또한 이러한 측면과 더불어 새로운 문제의 등장이 예견되는 가운데 우리 사회가 해야 할 일을 설명한다.

마지막으로 10부에서는 'AI와 인간 사회 공존을 위한 법적, 제도적, 윤리적 준비'란 주제로 일반인들이 막연하게 AI에게 느끼는 두려움에 대한 사회적 장치를 고민해본다. AI 기술이 발전하면서 인간 사회에 미칠 영향을 보다 긍정적으로 만들기 위해 필요한 법적, 제도적, 윤리적 과제들을 제시한다. 법과 제도는 항상 과학 기술 변화에 수동적으로 대응할 수밖에 없다. 이러한 단점을 극복하기 위해 사회 윤리적 토대를 먼저 함양해야 함을 강조한다.

그리고 이 글을 준비하는 와중에 2024년 노벨상 수상자들이 발표되었다. 최초 발견(First in Class)에 주목하는 노벨 과학상의 특성상, 최고 응용 기술(Best in Class) 연구자에게는 다소 야박한 전통이 있다. 그런데 올해는 노벨 물리학상을 AI 기술의 기반이 되는 기계 학습 연구를 해 온 존 홉필드 미국 프린스턴대학 교수, 제프리 힌턴 캐나다 토론토대학 교수가 수상하게 되었고, 화학상은 단백질 설계 모델 개발과 AI 기반 단백질 구조 예측 모델을 개발한 데이비드 베이커 미국 워싱턴대학 교수와 구글 딥마인드 회사의 데미스 허사비스 박사, 존 점퍼 박사가 수상하게 되었다. AI 전문가가 노벨상을 받게 된 것도 처음이며, 순수 과학의 비중이 높았던 노벨 과학상 영역에서 응용과학의 수상 또한 이례적인 일이다. AI를 수십 년간 연구했던 노벨 물리학상 수상자들과는 다르게, 수년 동안의 비교적 단기간에 AI를 바이오 분야에 응용한 결과물로 수상한 노벨 화학상 수상자들의 사례는 극히 예외적인 경우로 AI의 위력을 실감하게 하고 있다. 실제 지난 코로나 사태에서 기존 수년이 넘게 걸리던 백신 개발을 1년 내로 단축하는 데 mRNA 기술이 새로 도입되었고 백신의 효과를 예측하는 데 AI 기술의 도움이 지대했던 게 사실이다. 딥마인드의 최근 개발 결과인 알파폴드는 단백질의 구조를 파악하고 새로운 단백질을 설계할 수 있는 획기적인 기술로, 기존 wet-lab 기반의 단백질 구조 분석에 적어도 수년의 시간이 걸렸던 작업을 수개월 혹은 수일 내로 가능하게 해서 다수의 과학자들이 기본적으로 활용하는 범용 툴이 되었다, 이러한 알파폴드는 암, 당뇨병, 알츠하이머와 같은 불치병의 치료에 활용 가능하다. 단백질로 이루어진 세상의 많은 물질들은 물론 다른 소재 물질에도 적용 가능하기 때문에, 신소재 등 새로운 물질 개발, 산업용 효소 개발 등을 통해 환경 오염 및 기후 위기 완화 등 방대한 분야에 응용 가능하다.

AI는 위에서 언급한 선한 영향력 외에도 본문에서 언급한 다양한 부작용 및 위험성을 내포하고 있다. 노벨 물리학상 수상자인 제프리 힌턴 교수는 AI의 대부이자 AI의 내부 고발자로, AI의 위험성을 주창하고 20년 내로 AI의 추론 능력이 인간을 넘어설 확률이 절반 이상으로, 인류가 AI에 지배받을 가능성이 상당하다고 경고하고 있다. 이러한 위험성을 알리고자 구글사에서도 사임하고, 수제자 중 하나였던 일리야 수츠케버 전 오픈AI 창업자가 샘 올트먼 CEO를 해임하는 데 앞장섰던 일을 강력하게 지지한 바 있다. 결국 현재 이 시점은 AGI로 발전하고 있는 AI의 명암이 혼재해 있는 시대로 AI가 인간 뇌를 뛰어넘을 수 있을지도 모른다는 불확실한 혼란의 시대다. 이에 이 책이 이런 불확실한 인류 미래를 예측하고 대응하기 위해 이러한 문제들을 우리 뇌와 연결해서 고민하고 중요한 논의를 시작하는 하나의 계기가 되기를 강력하게 소망한다. 우선 이 책을 AI 기술에 관심이 있는 사람, 뇌 과학 · 철학 · 사회학 등 다양한 학문 분야에 관심이 있는 사람, 인류 미래를 고민하는 모든 사람들에게 추천한다. 또 이 책을 통해 독자가 스스로에게 AI는 인간 삶을 어떻게 변화시킬 것이며 AI 시대 너머에 있을 인류 미래는 어떤 모습일지 질문하고 상상해 보길 기대한다. 또한 AI와 인간은 어떻게 공존할 수 있을지도 스스로 질문해 볼 필요가 있다. 그리고 무엇보다도 시급하고 중요한 일인 AI 개발에 대한 윤리적 기준 마련을 위한 사회적 합의를 모으는 일에 적극적으로 참여하는 계기를 마련하길 기대한다.

01
뇌를 닮은 AI

AI는 명칭에서도 알 수 있듯이 인간의 지능을 모방하는 시도를 통해 발전했다. 먼저 뇌의 구조와 기능 관련한 정보 처리 및 전달 방식을 알아보고, 뇌가 이를 모사하려는 방식과 시도들에 대해 개괄해 본 후, 인공지능 개발의 간단한 역사에 대해 알아본다.

AI와 1인 창업?

뇌 신경 구조 및 정보 처리와 전달 방식

인공지능은 인간의 신경망을 흉내 내는 소프트웨어가 딥러닝이라 불리는 과정으로 습득한 지식과 지능을 통해 인간과 유사한 지능을 보이는 것이라고 정의한 바 있다(맹성현, 2024). 인간의 지능을 발현하는 뇌에 대한 이해는 AI 설계에 반영되었고 컴퓨터나 AI 시스템의 구조, 작동 방식, 성능 평가 등의 방법을 통해 인간 뇌의 작동 방식에 대한 가설을 수립하고 모델링, 검증하는 등 상호 영향을 미치고 있다(맹성현, 2024).

인공지능은 뇌의 구조 및 기능과 유사한 방식을 따르는 방식으로 발전했다. 인간의 뇌를 구성하는 기본 단위인 신경(neuron, 뉴런)은 다음 그림 1-1처럼 기본적으로 수상 돌기 또는 가지 돌기(dendrite), 신경 세포체, 축삭 돌기(axon)로 구성되어 있다(Vasile, 2017). 신경 세포체(neuronal cell body)는 세포 기능에 필수적인 핵과 세포 기관을 가지고 있다. 신경 세포체에 연결된 부분들은 신호의 송수신에 특화해 있으며, 수상 돌기는 이전 신경의 축삭 돌기로부터 신호를 받고, 축삭 돌기는 뉴런이나 근육 세포 등 다른 세포에 신호를 전달한다. 수상 돌기는 많은 수의 입력을 받아들일 수 있고 최대 수천~수만 개의 신호를 받아들일 수 있다.

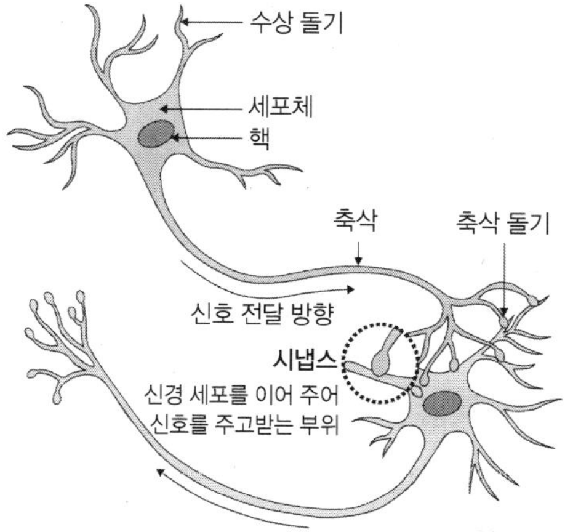

그림 1-1. 일반적인 신경 세포(뉴런)의 구조

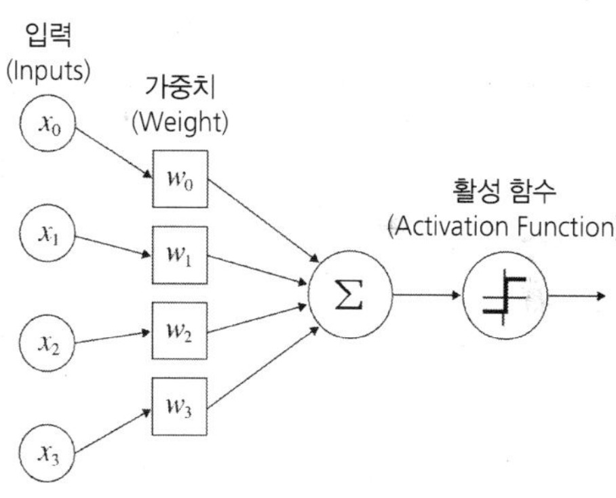

그림 1-2. 퍼셉트론 개념도

뉴런이 다른 세포에 연결되는 부분을 시냅스라고 한다. 시냅스에서 전달되는 도파민, 세로토닌과 같은 여러 신경 전달 물질은 시냅스 후 세포에 다양한 영향을 미칠 수 있으며, 흥분성 시냅스(excitatory synapse)와 억제성 시냅스(inhibitory synapse)는 시냅스 후 세포에서 활동 전위(action potential)를 유발하거나 억제함으로써 미묘한 제어를 가능하게 한다. 시냅스에서 수신한 이러한 신호는 수상 돌기를 거쳐 신경 세포체에 전해지고, 신경 세포체는 신호를 처리하고 메시지 전송 여부를 결정한다. 활동 전위는 뉴런에 의해 생성되는 주요 전기 신호이며 이를 통해 정보를 다음 세포로 전달한다.

사람 뇌에는 이러한 신경이 약 1000억 개 정도 분포되어 있으며 시냅스는 100조~1000조 개 정도로 추산된다. 뉴런들이 연결되는 정도는 기능의 강화 정도에 따라 달라지며, 많이 사용할수록 연결성이 증대된다는 신경 가소성이란 원리에 따라 가변적이다(Hebb, 1949). 감각, 기억, 인지, 판단 등의 뇌 기능들은 모두 이러한 신경들의 연결과 내부의 정보 처리 및 연산 동작에 따라 이루어지며 경험에 따라 시냅스의 결합 세기가 바뀌게 된다. 이러한 신경을 모사하는 구조로 인공지능에서는 퍼셉트론(perceptron)을 개발했고 여러 개의 입력과 출력, 그

사이에서 연산하는 구조로 되어 있다.

인공지능의 모방 방식과 발전 흐름

1950년 영국 수학자 앨런 튜링은 "계산 기계와 지능(Computing Machinery and Intelligence)"이라는 논문에서 기계가 생각할 수 있는지 테스트하는 방법, 지능적 기계의 개발 가능성, 학습하는 기계 등에 대해 기술했다(Turing, 1950). 이를 현실화한 튜링 머신은 존 폰 노이만 교수 등에게 영향을 주어 현대 컴퓨터 구조의 표준이 되었으며 이를 인공지능 역사의 시작점 중 하나로 간주하고 있다(v. Neumann, 1993). 1956년에는 인공지능의 대부 존 매카시가 개최한 다트머스 회의에서 인공지능에 대한 정의와 개념을 정립하면서 인간의 지능을 대체할 학문 분야로 떠오르게 되었다.

한편 미국의 신경외과 의사인 워런 매컬러(Warren McCulloch)와 논리학자 월터 피츠(Walter Pitts)가 전기 스위치처럼 온/오프 기능의 인공신경을 그물망 형태로 연결하면 인간 뇌의 기본 기능을 모사할 수 있다는 사실을 보였다(McCulloch, 1943). 또한 헵은 생물학적 신경망 내에서 반복적인 신호들이 발생할 때 신경 세포들이 그 신호를 기억하는 일종의 학습 효과가 있음을 증명했다(Hepp, 1949).

이러한 결과들은 뇌 신경을 모사한 인공 신경 뉴런의 탄생에 기여했으며, 1958년 코넬대학의 프랭크 로젠블랫은 앞의 그림 1-2와 같은 퍼셉트론을 소개했고, 신경망 기반 인공지능 연구의 부흥기에 접어들게 되었다(Rosenblatt, 1958). 하지만 1969년 마빈 민스키와 세이무어 패퍼트가 퍼셉트론은 AND 또는 OR 같은 선형 분리가 가능한 문제는 구현 가능하나 두 입력 중 하나만 켜질 때 출력이 활성화되는 간단한 XOR 문제도 구현할 수 없다는 것을 증명하면서 그 한계가 부각되었고 인공지능은 1차 암흑기에 빠져들게 되었다

한동안 잠잠했던 인공지능 연구는 1970~1980년대 특정 분야에 전문적인 지식을 탑재한 전문가 시스템(Expert System)에 막대한 자금이 투입되며 다시 발전을 이루게 되었다. 하지만 시간이 지남에 따라 적용 범위의 한계, 방대한 관리 방안 필요, 투자 대비 효용성의 한계 등의 문제가 노출되었다. 다른 한편으로는 이론적으로 딥러닝의 기초 모델인 역전파 등의 획기적인 AI 연구들이 발표되었지만, 컴퓨터 성능 및 제한적인 활용 등의 문제로 다시 암흑기에 접어들게 되었다.

시간이 흘러 여러 연구자들에 의해서 기존에 수학적으

로만 증명된 심층 신경망을 실현할 수 있는 컴퓨터 성능과 알고리즘 개선이 이루어졌고, 캐나다대학 제프리 힌턴 교수가 제시한 Deep Belief Network를 기반으로 다양한 심층 신경망 기술들이 개발되었다(Hinton, 2009). 다층 퍼셉트론(Multi-Layer Perceptron)의 학습 방법인 오류 역전파법(Error Back-propagation Method) 등의 발전을 통해 기존의 한계들을 극복해 현재의 인공지능 황금기를 열게 되었다.

또한 인간의 시각 처리 방식과 유사한 CNN (Convolution Neural Network) 기술이 개발되어 이미지 인식 성능이 비약적으로 향상했다. 2014년 구글은 딥마인드사를 4억 달러에 인수해 2016년 알파고를 발표하고 이세돌을 물리치면서 인공지능 기술이 재조명되는 계기가 되었다. 이미지 인식에 유리한 CNN 외에도 시간상 관련 있는 데이터 분석에 유리한 RNN(Recurrent Neural Network), 기존 인공지능 학습 결과를 다른 응용에 활용 가능한 전이 학습(Transfer Learning) 등 다양한 인공지능 모델이 개발되어 급속한 발전이 이루어졌고 최근의 생성형 AI의 폭발적 발전까지 다다르게 되었다.

참고문헌

맹성현(2024). 『AGI 시대와 인간의 미래』, 헤이북스.

박종건(2019.5.28). 퍼셉트론부터 CNN까지, 딥러닝의 역사. ≪카이스트신문≫, https://times.kaist.ac.kr/news/articleView.html?idxno=4675

Hebb, D. O.(1949). *The organization of behavior: A neuropsychological theory*. John Wiley and Sons, Inc., New York.

Hinton, G. E.(2009). Deep belief networks. *Scholarpedia*, 4(5), p.5947.

McCulloch, W. S. & Pitts, W.(1943). A logical calculus of the ideas immanent in nervous activity. *Bulletin of Mathematical Biophysics*, 5, pp.115-133.

Rosenblatt, F.(1958). The perceptron: A probabilistic model for information storage and organization in the brain. *Psychological Review*, 65(6), pp.386 – 408.

Turing, A. M.(1950). Computing machinery and intelligence. *Mind*, 49, pp.433 – 460.

Vasile, F., et al.(2017). Human astrocytes: Structure and functions in the healthy brain. *Brain Structure & Function*, 222(5), pp.2017 – 2029.

von Neumann, J.(1993). First draft of a report on the EDVAC, *IEEE annals of the history of computing*(Revisited version of 1945), 15(4), pp.27-75.

02
AI로 편리해지는 삶

소비자, 에너지/자원 및 산업재, 금융, 정부 및 공공, 생명 과학 및 헬스 케어, 첨단 기술, 미디어 및 통신 부문 등 AI 기술이 인간의 삶을 편리하게 만드는 분야들에 대해 알아본다. 챗지피티의 출현으로 한 단계 진화한 생성형 대규모 언어 모델(LLM)의 도입은 AI의 적용 분야를 더욱 확대해 그 한계의 끝을 상상할 수 없게 만들고 있다.

AI와 MBTI?

인공지능을 통해 다양한 응용 분야 발전

인공지능 기술은 심층 신경망을 기반으로 음성이나 이미지 인식, 자연어 처리, 콘텐츠 생성 등 복잡한 문제를 해결하는 데 탁월한 성능을 보여 일상생활의 많은 부분을 변화시키고 있으며, 데이터 분석, 의사 결정 지원, 자동화 등 다양한 분야에서 인간의 능력을 확장하고 있다.

이는 기계가 사람처럼 데이터로부터 학습해 데이터에 숨겨진 패턴을 발견하고 예측을 수행하는 알고리즘을 개발하는 머신 러닝 과정을 통해 가능하게 되었다. 머신 러닝 알고리즘은 정답 데이터 유무와 학습 방식에 따라 크게 지도 학습, 비지도 학습, 강화 학습으로 분류된다. 지도 학습은 입력과 출력 사이의 관계를 모델링하며 새로운 입력에 대한 예측을 수행하고 레이블이라고 하는 답이 주어진 상황에서 학습을 수행한다. 비지도 학습은 레이블이 없는 데이터를 사용해 데이터의 구조나 패턴을 발견하는 데 초점을 맞춘다. 강화 학습의 경우 시행착오를 통해 최적의 결정 전략을 학습한다.

이러한 머신 러닝 기술의 발전, 특히 레이블을 제공해야 하는 부담이 없는 비지도 학습과 강화 학습 기술이 빠르게 발전하면서 인공지능을 적용 가능한 분야들이 급속히 늘어나고 있다.

최근 시장 조사 업체 IDC는 초거대 AI를 포함한 전 세계 AI 시장 규모가 2024년 5543억 달러(약 700조 원)에 달할 것으로 내다봤다(이경태, 2023). 국내 AI 시장 역시 2024년 3조 662억 원 규모로 예상되며, 2023년부터 연평균 14.9% 성장해 2027년까지 4조 4636억 원 규모에 이를 전망이다. 또한 딜로이트 AI 연구소는 비용 절감, 실행 속도 단축, 복잡도 감쇄, 관계 전환, 혁신 촉진, 신뢰 강화 등 AI 활용 시의 장점을 여섯 가지로 제시했다(이채환, 2023). 이를 통해 소비자, 에너지/자원 및 산업재, 금융, 정부 및 공공, 생명 과학 및 헬스 케어, 첨단 기술, 미디어 및 통신 부문 등 6대 주요 부문에서 인공지능 활용 사례와 이점을 분석했다.

도소매, 외식, 여행, 운송 등 광범위한 영역을 포함하는 소비자 부문에서는 개인 맞춤형 서비스 제공이 가능해지고 수요 예측 및 마케팅, 재고 관리 등을 정교하게 수행할 수 있다. 에너지/자원 및 산업재 부분에서는 기계 오류 및 오작동을 예측해 가동 효율을 향상할 수 있다. 또한 다양한 센서를 이용한 자료 수집을 통해 에너지의 효율적인 운영을 지원한다. 금융 서비스 산업에서는 이미 인공지능이 많이 활용되고 있는 핀테크 분야 외에도 이상 거래 포착, 은행 사기 예방이나 개인별 최적화

마케팅 서비스 제공이 가능해진다.

정부 및 공공 부문에서는 업무 자동화 및 의식주 개선, 정신 건강, 중독 문제 등 다양한 문제들의 예측을 통해 효과적인 공공 정책을 지원할 수 있다. 생명 과학 분야에서는 임상 시험 데이터 관리, 의약품 제조 효율 증대, 새로운 바이오마커 발견 등이 가능해진다. 또한 합성 생물학, 질병 진단 속도와 정확성을 높이는 디지털 병리학, 원격 환자 모니터링 등 다양한 분야에서 기여할 수 있다. 첨단 기술, 미디어와 통신 부문에서는 스마트 팩토리 제조 프로세스를 최적화해 수요 예측과 공급망 통합 관리가 가능해지고, 개인화한 고객 서비스를 제공할 수 있다. 또한 다양한 네트워크 데이터를 모니터링하고 분석해 네트워크의 유지나 공격 방어 등에 활용 가능하다.

생성형 인공지능 도래 및 응용 분야의 확대

사람들은 글쓰기, 그림 그리기, 프로그래밍 등 창작의 세계가 인간만이 가능한 고유의 영역이라고 생각했으나, 인공지능 발전과 함께 진화한 생성형 AI(Generative AI)가 이러한 믿음을 흔들고 있다.

2016년 알파고가 세계 바둑 챔피언을 이긴 역사적 사건이 세상을 놀라게 했으나 대중의 관심에서 멀어지게 되었다. 반면에 생성형 AI는 오픈AI(OpenAI)사가 22년 11월 챗지피티(Chat Generative Pre-trained Transformer)를 출시하면서 폭발적인 관심을 받게 되었다. 챗지피티는 5, 40일 만에 각각 100만 명, 1000만 명이 가입했으며, 두 달 만에 1억 명을 훌쩍 뛰어넘는 이용자 수를 기록했다. GPT-3.5 버전 출시 이후 오픈AI는 4개월 만에 GPT-4라는 새로운 거대 언어 모델(LLM, Large Language Model)을 출시하면서 일반 대화에서도 인간과 큰 차이를 느끼지 못하는 수준이 되었다. 뇌의 시냅스 가중치 개수에 해당하는 매개 변수가 GPT-1의 1억 1700만 개로부터 GPT-3의 1950억 개 수준으로 늘어나면서 이러한 발전이 가능하게 되었다.

챗지피티 외에도 달리(DALL · E), 깃허브(Github)의 코파일럿(Copilot), 스테이블 디퓨전(Stable Diffusion), 미드저니(Midjourney), 소라(Sora) 등의 다양한 생성형 AI 서비스가 개발되고 있다. 이러한 생성형 AI는 기존 AI 모델에 비해 훨씬 복잡하고 변수가 많으며 다양한 형태의 비정형 데이터를 처리할 수 있는 파운데이션 모델을 기반으로 하고 있다. 트랜스포머로도 불리는 파운데이션 모델은 광범위한 일반화된 데이터와 레이블이 지정되지 않은 데이터를 대상으로 훈련한 머신 러닝 모델로,

문장 속 단어와 같은 순차적 데이터 간의 관계를 추적해 맥락과 의미를 학습하는 신경망이다. 이때, 관계의 중요도에 따라 다른 가중치를 두는 어텐션(attention) 알고리즘을 이용해 대규모 데이터 간의 관계성을 효율적으로 관리하며, 이는 뇌에서 중요도에 따라 주목도를 달리하는 메커니즘과 유사하다. 학습한 패턴과 관계를 사용해 시퀀스의 다음 항목을 예측함으로써, 앞뒤의 이미지들을 분석해 더 선명한 이미지를 만들고 이전 단어와 문맥을 기반으로 텍스트 문자열의 다음 단어를 예측한다.

이러한 생성형 AI 응용 프로그램들은 알파고와는 달리 여러 산업을 전방위적으로 변화시킬 수 있는 잠재력을 갖고 있다. 엔지니어링, 마케팅, 고객 서비스, 재무, 영업 등 거의 모든 부분에 생성형 AI를 적용할 수 있으며, 챗봇, 가상 어시스턴트, 지능형 콜센터, 개인화와 같은 기능을 통해 고객 경험을 개선할 수 있다. 생성형 AI 기반 대화형 검색, 콘텐츠 제작, 텍스트 요약 등을 통해 생산성을 높일 수 있으며 텍스트, 애니메이션, 동영상과 이미지 생성을 포함한 예술 및 음악에 이르는 다양한 창의적 콘텐츠 제작에도 이용 가능해 인간의 창의성에 대한 정의를 새롭게 내려야 하는 상황에 이르게 되었다. 대학 수업에서도 기존의 단순한 풀이 외에도 프로그래밍

코드를 짜 주고 디자인 창작물을 생성하는 등 기존 사람만의 영역이라고 생각했던 일들을 훨씬 빠르게 가능하게 하며 수많은 사람들이 서로 다른 결과물을 동시에 얻을 수 있게 되어 가깝게는 결과 평가를 어렵게 함은 물론, 창의성에 대한 정의 및 인공지능과 차별화된 인간 고유의 일에 대해 깊은 고민을 하게 만들고 있다.

그랜드 뷰 리서치(Grand View Research)의 최신 보고서에 따르면, 글로벌 생성형 AI 시장은 2022년 101.4억 달러로 평가되었으며, 2023년부터 2030년까지 연평균 35.6%로 성장해 1093.7억 달러 규모에 이를 것으로 예상된다(Grand View Research, 2024). 골드만 삭스에 따르면 생성형 AI는 글로벌 국내 총생산(GDP)을 7%(또는 거의 7조 달러) 증가시킬 수 있으며, 이를 통해 10년 동안 생산성이 1.5% 포인트 증가할 것으로 예상하고 있다.

이러한 파운데이션 모델의 훈련은 반복적인 과정이며 상당한 컴퓨팅 자원이 필요하므로 큰 비용이 든다. 원하는 수준의 정확도를 위해 훈련 알고리즘은 신경망의 가중치를 조정하고, 이러한 과정을 수백만 번 수행해야 할 수도 있다. 예를 들어, 오픈AI의 GPT-3를 훈련하는 데는 1000만 달러 내외의 비용이 필요하다(홍은주, 2024). 결과적으로, 시장은 소수 국가의 거대 기업과 투자를 받은 스타트업에 의해 지배되고 있어 자금과 관련 인력 측면에서 한계를 가진 국가와 기업들은 더욱 어려움을 겪고 있다. 다만, 특정 작업에 효과적인 결과를 제공할 수 있는 더 작은 모델과 효율적인 방식의 훈련 방법을 개발하기 위한 노력이 진행 중이며, 코히어(Cohere), 앤트로픽(Anthropic) 등의 몇몇 스타트업들이 자체 LLM을 구축하고 훈련하는 데 성공했다. 또한 데이터 보안이 중요한 많은 기업들은 자체 응용 소프트웨어를 보유하기 위해 노력하고 있으며, LLM보다 훨씬 매개 변수가 적은 경량형 모델(small language model, SLM)을 개발해 차별성 및 서비스 특화를 시도하고 있다.

이러한 LLM으로 대표되는 생성형 인공지능 기술이 도입되면서 AI 알고리즘은 수천억~수십조 개 이상의 변수를 최적화하는 수준의 복잡도로 발전하고 있다. 이는 약 1000억 개의 뉴런과 100조 개 정도의 시냅스가 존재하고 시냅스 간 연결 정도가 다른 인간의 뇌와 점점 비슷해지고 있다는 의미가 되며, 매개 변수의 개수는 기억 가능한 용량과 추론의 깊이를 결정하게 된다. 결국, 인간 뇌와 인공지능은 신경의 구조를 띠고 학습과 경험을 통해 변화하며 여러 층을 거치는 계층적 구조를 통해 영역과 기능에 따라 병렬 처리가 가능하다는 유사점을 가진다. 계산 과학적으로 만들어진 확률 기반의 AI 언어 모델과 생물학적인 인간 뇌의 작동 원리를 비교하고 대조할수록 상호 간의 장단점을 파악하고 발전이 가능해질 수 있다. 단, 이의 구현을 위해 인간은 25W 정도의 에너지를 사용하는 데 반해 인공지능은 수천~수십만 배 이상의 에너지를 사용해 에너지 효율성 측면에서 큰 차이가 있다. 이를 완화하기 위해 신경의 동작을 더욱 유사하게 모사 가능한 뉴로모픽 반도체를 개발하거나 실제 신경을 3차원으로 연결해 뇌 기능을 인공적으로 구현하는 뇌 오가노이드(Organoid) 등이 최근 활발히 연구되고 있다(Sun, et al., 2021).

참고문헌

맹성현(2024), 『AGI 시대와 인간의 미래』, 헤이북스.

이경태(2023.3.9). [AI혁명, 챗GPT] 新철기시대 새로운 퍼즐… "초거대 AI에 인류가 답할 때". 뉴스핌, https://www.newspim.com/news/view/20230308000372

이채환(2023.8.11). AI 활용성 높은 6대 산업군. GTT 코리아, https://www.gttkorea.com/news/articleView.html?idxno=6369

홍은주(2024.5.31). 생성형 AI 시대와 기업의 준비 (2편), 삼성SDS. https://www.samsungsds.com/kr/insights/enterprise-readi

ness-for-generative-ai-part2.html
Grand View Research(2024), Generative AI market size to reach $109.37 billion by 2030, https://www.grandviewresearch.com/press-release/global-generative-ai-market
Sun, W., et al.(2021). Bursting potentiates the neuro-AI connection. *Nature Neuroscience*, 24(7), pp.905-906.

03
청출어람, 인공지능

인공지능은 우리의 삶을 보다 편리하게 해 주는 수준을 넘어서고 있다. 창의성과 창조는 인간만이 가능한 행위라고 인식해 왔으나, 이제 인공지능이 이러한 영역에까지 영향을 미치고 있다. 인공지능을 통해 생명을 창조하는 바이오 분야의 사례를 중심으로 인공지능이 미래 사회에 어떻게 진화할지 살펴보고자 한다.

AI와 난임 극복?

생성적 전회의 시대

1978년 노벨 경제학상을 수상한 미국 카네기멜론대학 허버트 사이먼(Herbert Simon) 교수는 행정, 경제 분야 외에도 컴퓨터 공학, 인공지능, 인지 과학에서도 상당한 업적을 쌓았다. 사이먼 교수는 행정학을 과학적으로 검증하는 '논리 실증주의(Logical positivism)'를 도입했으며, 이 과정에서 인간의 제한된 합리성(Bounded rationality)을 제시했다. 사이먼은 제한된 합리성을 "주어진 조건과 제한 요인들에 의해 부과된 제약 안에서 주어진 목적의 성취에 적합한 행동 양식"으로 정의하며, 인간은 완벽한 합리성을 가진 존재가 아니라고 했다. 사이먼은 과거 경험만으로 이런 조건을 충족하는 것은 불가능하며, 제한된 합리성이야말로 의사 결정의 중요한 원리라고 했다(임의영, 2014). 사이먼은 인간은 슈퍼컴퓨터, 인공지능의 발전으로 인간의 생물학적 한계를 극복할 수 있을 것이라고 하며 "머지않은 미래에 기계는 사람이 할 수 있는 어떠한 일도 해낼 수 있을 것이다"라고 주장했다. 인간은 지구 생태계의 정점에 위치한 완벽한 존재라는 과거 인식을 부수며 등장한 인간의 제한된 합리성은 인간의 비공식적, 추론적, 전략적 경제 행위를 분석하는 데 큰 영향을 끼쳤으며, 인공지능의 연구에도 크게 기여했다.

미래 인간의 지적 능력은 인공지능을 어떻게 활용하느냐에 따라서 개인의 역량, 국가 사회의 경쟁력이 좌우될 것으로 전망했다(Gershman, et al., 2015).

현재 우리 사회는 인공지능을 이용해 정보의 한계, 인지 능력의 한계를 넘고, 또한 인간의 지적 능력을 강화하기 위해 인공지능의 도움을 받는 것이 자연스러운 일상이 되어 가고 있다. 챗지피티로 대표되는 생성형 인공지능이 등장하며 우리 일상에 깊숙이 파고들고 있다. 대표적인 것이 의료 분야다. 최근 보건 복지부가 발표한 자료에 따르면 의료 분야 AI와 연계된 국가 연구 개발 투자액은 2.2조 원으로 연평균 33% 이상 증가하고 있다고 한다. AI를 이용해 질병을 진단, 치료하고 예방하는 시스템을 구축하기 위해 정부 차원에서 엄청난 노력을 하고 있는 것이다(권연아, 2024). 정부는 혁신적 의료 기기 개발을 위해 '선 임상, 후 승인'과 같은 규제 완화 정책을 추진하고 있으며, 이에 따라 국내에서도 질환 특화 AI 벤처기업이 속속 등장하고 있다. 영원히 치료제가 개발되지 않을 것 같은 치매 분야에서도 AI가 적극적으로 활용되고 있다. AI를 이용해 치매 유형을 구분하고, 예측 정확도를 높이는 기술이 개발되었다. 치매 진단 정확도는 약 96% 수준이며, 예측 정확도는 약 81%로 AI를 이용해 혁신적 의료 기술을 개발해 내고 있다(Lee, et al., 2024). 이와 더불어 국내 연세대학 연구팀은 뇌의 특정 영역에 초음파를 집중시켜 두개골을 열지 않고 뇌 질환을 치료할 수 있는 'AI-tFUSFormer'를 개발했다. 뇌파, 초음파를 이용한 의료 기술에 AI를 융합해 만든 기술은 최초로 개발된 것으로 세계적으로 큰 주목을 받고 있다(Shin, et al., 2024).

AI를 이용한 의료 기술은 우리 신체 전반에 대해 확산되고 있어, 뇌파로 움직이는 의수, 로봇들은 이미 상용화 단계에 이르고 있다. 인간의 뇌를 제외하고 우리 신체를 기계로 대체해 사이보그(Cyborg)가 되는 시대도 멀지 않았다고 볼 수 있다. 노화, 회복 불가능 장애 등 생물학적 한계를 넘어서 AI와 기계 융합의 바이오-메카트로닉스(Bio-Mechatronics) 기술로 새로운 인간 형태가 탄생할 수 있음을 시사한다. 이러한 융합 기술을 '인간 증강(Human augmentation)'이라고 하며, 신체적 기능뿐만 아니라 뇌에 대한 연구가 심화될수록 정신적 기능도 개선할 수 있을 것이라고 예상하고 있다. 이러한 융합 기술은 개인의 뇌 장애 문제 해결의 수준을 넘어서 우리 사회 전체를 새로운 사회 형태로 진화시킬 수 있다. 이러한 진화는 기술적 특이점(technological singularity)을 넘어

'생성적 전회(Generative turnaround)'의 시대라고 했다 (김상민, 2023).

AI로 편해지는 세상, 생명을 창조하는 AI

현재 과학 기술 분야에 대한 정책, 의제를 논의할 때 정부 관계자, 과학 기술계 전문가들은 더 이상 인공지능을 언급하지 않고 있다. 인공지능은 이제 인터넷과 같이 모든 인간의 활동에서 기본 인프라로 작동하기에 연구 개발 사업, 과학 기술 정책에서 인공지능은 당연히 포함되어야 한다고 인식하고 있기 때문이다. 그렇지만 인공지능 기술 개발이 완료되어 이러한 사회적 논의가 이뤄진다고는 볼 수 없다. 인공지능은 이 글을 쓰는 지금도 지속적으로 발전하고 있으며, 인공지능이 기존 과학 기술 분야를 융합해 새로운 연구 분야를 만들어 내고 있다. 구체적 사례를 들면 19세기 이후, 생물학은 현미경을 통해서 세포의 활동 등 새로운 생물학적 발견(Discovery)을 중점적으로 수행해 왔다. 특히, 인간의 신체가 어떻게 구성되어 있고 어떤 원리로 작동하는지에 대해 전임상(Preclinical trial)을 기반으로 임상 연구(Clinical trial)를 통해서 이를 규명해 왔다. 이러한 의생명 과학 분야의 성과를 토대로 인공지능은 생물학에 나노 기술, 정보 통신

공학을 융합해 새로운 분야(합성 생물학, Synthetic biology)를 만들어 내고 있다.

① 나노 기술을 이용해 DNA를 합성하거나 유전자를 조작하며, ② 정보 통신 기술을 이용해 기계와 통신을 주고받는 유기체를 만들고, ③ 유전 공학 기술을 이용해 이제까지 존재하지 않은 새로운 세포를 만들어 내고 있다(Callaway, 2024). 합성 생물학은 DNA, 단백질 같은 생명을 구성하는 최소 단위를 컴퓨터 비트(Bit) 단위처럼 해석하고 응용하는 융합 분야로 통칭할 수 있으며, 신약과 혁신적 의료 기기 개발 분야에서 미래 핵심 기술로 주목받고 있다. 이러한 배경에 따라 우리나라 정부는 2025년부 5년간 1263억 원을 투입해 합성 생물학의 혁신적 인프라를 구축하기 위한 '바이오 파운더리(Bio foundry)' 사업에 착수한다고 발표했다(윤현성, 2024). 첨단 바이오 분야를 선점하기 위해 전 세계적으로 공공 · 민간 분야에서 엄청난 액수의 투자가 이뤄지고 있으며, 이를 선점하기 위한 경쟁이 매우 치열하다. 인간의 질병, 질환이 발생하는 데에는 다양한 요인이 있다. 타고난 유전자에 의한 문제, 성장 환경과 음식 등 사회적, 문화적 요인이 복합적으로 작용한다. 이러한 복잡성은 지속적 연구 성과에도 불구하고 우리가 체감할 수 있는 결과물

을 만들어 내지 못해 왔다. 그렇지만 인공지능이 등장하면서 다량의 유전자를 통한 표준화된 데이터 구축으로 임상에서 바로 검증할 수 있는 정보 시스템을 운영해 시간과 비용이 엄청나게 줄어들게 되었다(Singh, 2014). 각 개인마다 가지고 있는 고유한 특수성을 감안해 표준화된 유전자 정보와 식습관 등 생활 문화적 요인에서 공통 지표를 발굴해 이를 신약 개발이나 의료 기기 개발에 적용한다면 엄청나게 빠른 결과물로 국민적 수요에 대응할 수 있다. 우리 세대는 기후 변화로 인한 생활 환경의 변화, 식량난으로 인한 생존의 문제 등 이제까지 겪지 못했던 새로운 문제에 직면하고 있다. 이러한 문제 해결을 위해 합성 생물학을 응용한다면 기후 변화에 강한 유전자 품종을 가진 곡물 개발, 저탄소 바이오 연료 개발이 가능하다. 2023년 세계 경제 포럼에서는 합성 생물학을 이용해 탄소 배출을 약 80% 이상 줄일 수 있는 대체 연료, '지속 가능한 항공유(Saf)'를 10대 혁신 기술로 선정한 바가 있다(류준영, 2023).

이러한 것들은 모두 다 합성 생물학에 기반을 둔 것으로 이런 기술이 더 진화한다면 인간의 생명이란 무엇인가에 대한 명제 자체에 도전할 수 있다. 인공 세포를 배양하고 합성해 인류의 생명이 어디에서 기원했는지, 어떠한 발달 과정을 거쳐서 한 명의 인간으로 탄생하는지에 대해서도 연구가 가능할 것이다(고영민, 2018). 다수의 전문가들은 인공지능의 발전 속도는 기하급수적으로 급상승해 새로운 특이점이 열릴 것이라고 전망하고 있다(곽노필, 2019). 이러한 다양한 전망에 대해 과학에 대한 사회학적 과잉 해석 또는 지나친 낙관주의라고 비판하는 경향도 있다. 물론 인공지능의 미래 전망은 이론적 개념 수준으로 명확하게 단정하기는 어렵다.

참고문헌

강태우 외(2022). 인공지능과 인지증강 융합에 대한 법정책적 대응 방안 고찰. ≪법학연구≫, 32(2), 407-448쪽.

고영민(2018). 인공지능이 세계를 지배하거나 종말을 초래한다?: 디스토피아와 유토피아의 경계에 선 AI… 잠재적 위험성 논란. ≪지역정보화≫, 109, 92-93쪽.

곽노필(2019.12.31). '무어의 법칙'보다 7배 빠르다, 질주하는 인공지능. ≪한겨레≫.

권연아(2024.9.23). 인공지능 진단, 의료계에 녹아든다... AI의료 기술 투자↑. 바이오타임즈, https://www.biotimes.co.kr/news/articleView.html?idxno=17149

김상민(2023). 환각 생성과 창의성 추출의 자동화된 기계: 생성형 AI 뒤집어 보기. ≪문화과학≫, 114, 39-56쪽.

류준영(2023.11.30). '미생물 공장' 초격차 바이오 파운드리, 국가명운 걸고 만들어야 2023 한국생물공학회 추계학술발표대회 및

국제심포지엄 가 보니. ≪과학과 기술≫

윤현성(2024.1.16). "한국판 모더나 키운다" 바이오파운드리 사업 예타 통과… 2029년까지 1263억 투입. 뉴시스, https://www.newsis.com/view/?id=NISX20240116_0002594119

임의영(2014). H. A. Simon의 제한된 합리성과 행정학. ≪행정논총(Korean journal of public administration)≫, 52(2), 1-35쪽.

최창현(2020.12.26). 딥마인드, 알파제로 뛰어넘어 학습도 규칙도 필요 없는 혁신적인 AI '뮤제로(Muzero)' 발표. 인공지능신문, https://www.aitimes.kr/news/articleView.html?idxno=18776

Callaway, E.(2024). 'A landmark moment': Scientists use AI to design antibodies from scratch. *Nature*.

Ecoffet, A., et al.(2021). First return, then explore. *Nature*, 590(7847), pp.580-586.

Gershman, S. J., et al.(2015). Computational rationality: A converging paradigm for intelligence in brains, minds, and machines. *Science*, 349(6245), pp.273-278.

Innovate Forge(2023.11.24). Understanding ANI, AGI, and ASI in artificial intelligence. Medium, https://medium.com/@InnovateForge/understanding-ani-agi-and-asi-in-artificial-intelligence-6265d01091a1

Lee, L. Y., et al.(2024). Robust and interpretable AI-guided marker for early dementia prediction in real-world clinical settings. eClinicalMedicine, 74, https://www.thelancet.com/journals/eclinm/article/PIIS2589-5370(24)00304-3/fulltext

Shin, M., et al.(2024). tFUSFormer: Physics-guided

super−resolution transformer for simulation of transcranial focused ultrasound propagation in brain stimulation. *IEEE journal of biomedical and health informatics*, 28(7), pp.4024−4035.

Singh, V.(2014). Recent advances and opportunities in synthetic logic gates engineering in living cells. *Systems and synthetic biology*, 8(4), pp.271−282.

04
일반 인공지능 시대

AI가 발전하면서 한정적인 기능을 담당하는 특정 목적 인공지능을 넘어서 인간의 수준 또는 이를 뛰어넘은 일반 인공지능(AGI) 시대로 접어들고 있다. AGI의 의미와 다양한 AGI 개발 현황들에 대해 소개하고 그 실현 가능성에 대한 여러 의견을 소개한다,

AI와 사주?

일반 인공지능의 의미

2024년 3월 열린 엔비디아의 개발자 연례행사에서 CEO 젠슨 황은 일반 인공지능(Artificial General Intelligence, AGI) 시대가 5년 남았다고 공언했다(임재완, 2024). 인공지능의 발전은 복잡한 작업 외에도 인간의 일상, 인식 등 여러 측면에서 큰 변화를 가져오고 있다. AGI는 단순한 기계적 학습을 넘어서 인간의 지능을 전방위적으로 모방하고자 하는 목표를 가지고 있다. 세계적인 미래학자 레이 커즈와일도 2045년 인간의 지능을 넘어서는 특이점이 찾아올 것으로 예언한 바 있다(Kurzweil, 2005). AGI는 복잡한 문제 해결부터 창의적 작업에 이르기까지 인간과 유사한 수준의 이해와 처리 능력을 발휘할 수 있는 시스템을 지향하고 있다. AGI에 대한 논의는 이제 단순한 기술적 문제를 뛰어넘어 인간의 지능 자체에 대한 고민과 함께 AGI가 가져올 편리함과 위험성 등 다양한 주제를 내포하고 있다.

이러한 AGI를 이해하기 위해서는 이에 대한 정의가 먼저 이루어져야 하며, 특정 목적 인공지능과의 구분 또한 필요하다. 다중 지능 이론으로 유명한 심리학자이자 하버드대학 교수인 하워드 가드너(Howard Gardner)는 시공간, 언어, 논리 수학, 신체 운동, 음악, 자연, 자기 성찰, 인간 친화 지능 등 지능의 다양한 측면을 제시했다(Gardner 1993). 언어나 논리 수학 지능과 같이 특정 분야나 한정된 작업에 대해 인간 혹은 그 이상의 성능을 보여 주는 특정 목적 인공지능은 약인공지능(Narrow AI)이라는 이름으로도 불린다. 방대한 양의 데이터 분석, 복잡한 수학적 연산 등을 컴퓨터에게 맡겨 오차가 적은 우수한 인공지능 모델을 만들어 내는 것이 특정 목적 인공지능의 목표다.

반면 AGI는 다양한 분야에서 인간과 유사한 학습, 이해, 추론 능력을 지닌 지능의 형태를 지향하며, 강인공지능(Strong AI)이라고도 불린다. AGI의 목표는 인간의 다양하고 일반적인 지능을 컴퓨터에서 재현해 인간과 동등한 수준의 창의적 사고와 문제 해결 능력을 갖추게 하는 것을 포함한다. 하지만 인공지능 기술이 계속 발전하고 인간 고유성 등에 대한 논의가 활발해지고 있는 만큼 AGI에 대한 명확한 정의는 아직 현재 진행형이다.

AGI 개발 주요 동향

현재 AGI를 향한 연구 개발은 세계적으로 활발히 이루어지고 있으며 이 분야 선두 기업으로는 오픈AI, 마이크로소프트(Microsoft), 메타(Meta), 구글(Google) 등이 있다. 대표적으로 오픈AI의 GPT 시리즈는 인간과 유사한 자연어 생성 능력을 보여 주며, 이는 AGI 개발에서 중요한 진전으로 평가받고 있다. 오픈AI가 2024년 5월 선보인 'GPT-4o'는 AI 에이전트이자 AGI 시대를 대비한 단계로 여겨진다. GPT-4o는 주로 텍스트로 대화를 주고받았던 이전 서비스와 달리 실시간 음성으로 묻고 답할 수 있다. 초기 챗지피티는 텍스트를 기반으로 했지만, 이후로는 텍스트, 이미지, 영상 등을 모두 포괄하는 멀티 모달 생성형 AI로의 발전이 이루어지고 있다(김명희, 2024).

마이크로소프트는 2019년부터 일찌감치 오픈AI에 투자하며 연합 체제를 구축했다. 자사 PC 운용 체계 윈도우를 넘어 IT 서비스 전반에 AI 비서인 코파일럿을 제공한다는 방침이다. 자체 검색 플랫폼인 빙(Bing)에 챗지피티를 접목해 챗봇형 검색을 유도하면서 구글 독주를 막으려 노력 중이다. 메타는 자체 LLM인 라마를 공개하고 새로운 멀티 모달 인공지능 비서 메타 AI(Meta AI)를 무료로 공개한 바 있다. 구글도 자체 초거대 언어 AI 모델인 람다(LaMDA)를 기반으로 바드(Bard)를 선보였으며 현재 버전의 매개 변수는 1370억 개로 GPT-3와 유사한 규모를 가진다. 또한 멀티 모달 AI 모델 제미나이를 선보였으며, 오픈AI사의 창립 멤버들이 설립한 스타트업으로 AI 챗봇 서비스인 클로드를 준비 중인 엔트로픽에도 투자했다. 또한 2024년 5월 구글 연례 개발자 회의에서 새로운 프로젝트 아스트라를 공개했다. 아스트라는 텍스트뿐만 아니라 이미지, 영상, 음성 등을 한 번에 처리할 수 있는 AI 비서 서비스다. 인공지능 개발에 적극성이 떨어진다고 평가되었던 애플도 2024년 6월 자체 AI 시스템인 애플 인텔리전스를 소개했다. 또한 GPT-4o를 자사 음성 비서 시리(Siri)에 탑재해 보다 고도화한 AI 비서 기능을 제공할 수 있게 됐다.

오픈AI의 차세대 모델인 'GPT-5'는 이르면 2025년 초 출시될 것으로 예상된다. 2024년 5월 자사 블로그를 통해 "최근 차세대 프런티어 모델 교육을 시작했다"며 AGI로 가는 길에서 다음 단계 기능을 제공할 것으로 기대한다고 밝혔다.

AGI는 이미지와 영상을 읽고 생성하는 멀티 모달 플래그십 모델이 될 가능성이 높다. 이미 오픈AI는 텍스트만 입력하면 마치 실제와 같은 영상을 생성해 내는 소라를 공개한 바 있다.

AGI의 실현 가능성

AGI의 구현 가능성과 정도, 시점 등은 아직 불분명하다.

인간의 고유한 기능이 과연 인공적으로 구현 가능할 것인가 하는 질문에 대한 답부터 확실하게 내릴 수 없는 상황이다. 감각, 지각, 의식, 창의성, 공감, 욕망, 의도, 메타인지 등 아직 AI가 갖추지 못한 여러 면들을 고려할 때 AGI의 발전 가능성은 물음표라 할 수 있다. AI 발전을 강조하는 기술 낙관주의자들과 AI의 발전 위험성을 염려하는 다양한 목소리들이 존재한다. AI 연구자이면서 기술 만능주의의 위험성을 계속적으로 강조한 스튜어트 러셀(Stuart J. Rusell)이나 마틴 포드(Martin Ford) 외에도, AI의 발전에 앞장섰던 에릭 슈미트, 제프리 힌턴, 샘 올트먼, 요슈아 벤지오, 데미스 허사비스, 빌 게이츠 등이 2023년 5월 30일 미국 인공지능 연구소 선언문에서 AI의 위험성을 경고하는 목소리를 내는 등 AGI로의 발전과 그에 대한 관심과 염려는 빠르게 커지고 있다(맹승현, 2024).

관련해서 이화여자대학 최재천 교수의 설명은 우리에게 시사하는 바가 크다고 할 수 있다. 최재천 교수는 지능(intelligence)과 지성(intellect)을 구분할 필요가 있으며 분석하는 능력에 치우친 인지 위주의 지능에 반해, 도덕관념, 공감, 문화, 자아 등에 기반해 사물을 이해하고 행동하는 지성은 아직 인공지능이 구현하기에는 어려울 것이라 했다(아시아경제, 2024). AI는 아직 스스로 인지를 하고 있다는 느낌을 갖는 메타인지나 의식을 가졌다고 할 수 없으며, 서울대학 이인아 교수는 맥락에 기반해 하향식 사고를 하는 인간과 모든 경우의 수를 고려해 상향식으로 사고하는 인공지능 사이에는 아직 큰 차이가 있다고 했다(이인아, 2024), 이러한 맥락적 사고에 따라 빠르게 결과를 도출하는 하향식 사고가 소비 에너지 절감에 크게 이바지하고 있다고 생각해 볼 수 있다.

이는 인간의 뇌 작동 방식을 정확히 이해하지 못하기에 원리를 모르는 상황에서 인공적인 모사의 가능성을 가늠하기 어렵다는 의미로도 해석할 수 있다. 이는 생성형 AI의 창발성의 근원을 아직 모르며, AI 개발 시 상징 추론이나 상징에 근거해 명확한 근거를 제시할 수 있는 결정론적 모델 대신 확률 근거 모델을 채택해 설명 가능한 AI가 실현되지 못한 점에서도 원인을 찾아볼 수 있다. 뇌의 동작에 따른 활성화 부분을 파악할 수 있는 fMRI (functional MRI)와 같은 기술이 도입되고 있지만 아직 부족함이 크며, 미래의 AGI 구현 여부는 신경 과학자, 컴퓨터 공학자, 철학자, 심리학자, 언어학자 등 여러 전문가의 협업과 융합 정도에 따라서도 달라질 수 있는 불확실한 미래다.

참고문헌

김명희(2024.6.13). [이슈플러스] 'AGI' 기반 AI 전쟁 3라운드 점화. 전자신문, https://www.etnews.com/20240612000090

맹승현(2024), 『AGI 시대와 인간의 미래』. 헤이북스.

아시아경제(2024.7.19). [김대식 · 김혜연의 AHA] 최재천 "AI도 인간과의 공존 원할까?", https://www.asiae.co.kr/article/2024071713565364440

이인아(2024), 『퍼펙트 게스(Perfect Guess): 불확실성을 확신으로 바꾸는 맥락의 뇌 과학』, 21세기북스.

임재완(2024.4.17), 인공 일반 지능(AGI)이란? 개념, 적용 기술, 그리고 인간 삶에 미칠 영향. 삼성SDS. https://www.samsungsds.com/kr/insights/artificial_general_intelligence_20240417.html

Gardner, H.(1983). *Frames of mind: A theory of multiple intelligences.* New York: Basic Books.

Kurzweil, R.(2005). *The singularity is near: When humans transcend biology.* New York: Penguin books,

O'Brien, M.(2024.4.5). Tech companies want to build artificial general intelligence. But who decides when AGI is attained?, *AP News,* https://apnews.com/article/agi-artificial-general-intelligence-existential-risk-meta-openai-deepmind-science-ff5662a056d3cf3c5889a73e929e5a34

05

AI와 다른 뇌의 모습

인간의 뇌와 인공지능은 구조와 기능, 그리고 감정 처리 능력에서 근본적인 차이를 보인다. 현재 AI는 인간의 뇌가 가진 복잡한 기능, 특히 감정과 관련한 기능을 모사하는 데 한계를 보이고 있다. 이에 뇌와 AI의 구조적, 기능적 차이점을 살펴보는 한편, 지적 활동에서 감정의 중요성을 짚어 보며 뇌와 인공지능이 과연 얼마나 다른지를 논해 보고자 한다.

AI와 아이돌?

뇌와 AI의 차이: 구조와 기능의 관점

모든 사물은 그 기능에 필요한 구조를 갖는다. 우선 AI는 지능이란 이름으로 인해 뇌를 닮았다고 주장하나 그것은 기능적인 면에서 보이는 유사점만을 주목한 견해다. 사실 유사한 기능을 발휘한다고 해서 반드시 유사한 구조를 가질 필요는 없다. 예를 들어 전기 자동차와 내연 기관차의 닮은 점과 다른 점을 찾는다고 가정해 보면, 전기 자동차와 내연 기관차는 우리를 어디에 데려다주는 운송 수단이란 기능은 같지만, 동작 메커니즘이 완전히 달라서 몇 밀리미터 철판 밑의 구조는 완전히 다르다. 따라서 우리는 뇌와 AI의 구조와 기능을 하나로 통합해 조망하면서 그 차이점을 전체적으로 볼 필요가 있다.

우선 AI는 무생물인 실리콘 칩에서 발휘하는 기능이고 인간 지능은 유기 생명체로 이뤄진 뇌의 기능으로, 구조에서 근본적인 차이점을 갖는다. 뇌는 태어나면서 신경 세포를 폭발적으로 생산해 각 신경 세포당 15000개의 시냅스를 만들고 이후 신경 세포 수가 감소하면서 시냅스도 함께 감소해 50%만이 남아 기능한다(Cafasso, 2018, Somerville, et. al., 2013). 또한 인간 뇌의 회로망은 학습을 통해 강화되고 둔화하는 신경 가소성(성장과 재조직을 통해 뇌가 스스로 신경 회로를 바꾸는 능력, 위키

백과)을 갖지만, AI 회로망은 이미 설계된 실리콘 칩들이 배치되어 기능적 신호 효율을 조절할 뿐 스스로 회로망을 생성하거나 변형하는 일은 불가능하다. 즉, 뇌는 회로망이 살아 움직이는 Live-wired 구조이며, AI 칩은 생산과 동시에 모든 회로가 설계도에 맞춰 구성되는 fixed-wired 구조다. Live-wired 구조를 가진 뇌는 개인적인 경험과 학습을 통해 시냅스를 정리하며 효율적인 최적의 신경망을 구축하는 반면, AI는 학습을 통해 더 많은 정보를 축적하기 위해 연결된 회로에 저장된 값들을 변경한다. 이처럼 최초 설계도에 따라 제작된 AI 칩은 fixed-wired 구조라는 한계로 인해 뇌와 같은 방법으로 효율성을 확보하는 것은 사실상 불가능하다. DGIST 전기 전자 컴퓨터 공학과 최지웅 교수는 AI가 갖는 이런 구조적인 한계점에 대해 실제 해결이 어려운 문제이긴 하나 극복 가능할 것이라 조심스럽게 예상한다. 만약 우리가 AI 칩 설계를 인간 뇌가 정점을 찍는 시점을 기준으로 제작하고 이후 학습을 통해 뇌의 시냅스 정리 과정을 모사한다면, 인간 뇌가 발달 과정을 거쳐 효율적인 회로망을 갖는 것처럼 AI 칩을 제작하는 것이 이론적으로는 가능하다는 주장이다. 물론 이론적 가능성만 확인된 결과이지만, 실제 이와 같은 시도는 뇌 과학자들에 의해 뇌 컴퓨터 이론(computational hypothesis of the brain) 형태로 시도된 바 있다(Gurney, 2004, Colombo & Piccinini, 2023).

구조의 모사가 가능하다고 해도 기능의 모사는 다른 문제다. 국내 대표적인 생명 과학자 최재천 교수와 인지과학자 이인아 교수는 뇌와 AI가 지향하는 지능에는 차이가 있으며, 문제를 해결하는 방식에도 각기 하향식과 상향식으로 근본적인 차이가 있음을 언급했다. 즉, 기능 메커니즘에 근본적인 차이가 있음을 시사한다. 앞에서 언급한 시냅스를 정리하는 생물학적 뇌의 신경망 생성 메커니즘을 보더라도, 컴퓨터 공학 관점에서는 하드웨어 스펙이 강력한 컴퓨터를 굳이 다운그레이드하는 다소 어처구니없는 작업이다. 그러나 뇌에 초점을 맞춰 보면, 시냅스 정리 현상은 하드웨어 스펙 다운그레이드처럼 비효율적으로 보이지만 실제 기능적인 면에서는 업그레이드 과정이다. 뇌와 AI 모두 논리 규칙에 따라 판단해야 하는 업무 면에서 고사양 하드웨어가 필요하지만, 뇌는 AI와 달리 환경을 해석하고 추측하며 미래 일을 예측하는 기능도 함께 수행한다(Eagleman, 2015). 뇌는 감각 기관을 통해 정보를 습득하고 필요한 최소한의 정보만을 처리해서 이를 뇌에 저장된 기존 정보와 비교해

패턴을 감지한다. 이를 통해 뇌는 바깥세상을 추측하고 이 추측을 기반으로 미래 일을 예측하거나 기대하고 반응한다. 여기서 주목해야 하는 점은 '미래 예측과 기대'다. 즉, 뇌 활동에는 AI와 달리 '미래 예측과 기대'라는 동기와 목적이 있다. 그러한 뇌 활동은 자신이 예측하는 미래와 그에 따른 대가를 고려해 정보 처리를 해야 할 필요가 있다. 이를 위해 뇌 속 신경망은 최소한의 정보만을 처리해 효율성을 증가시킨다. 즉, 효율적인 정보 처리에 관여하는 신경 회로는 강화해 다음을 대비하고 불필요한 정보 처리에 관여하는 신경 회로는 둔화시켜 효율성을 높인다. 이처럼 뇌에서 일어나는 정보 처리 및 반응은 동기와 목적을 품은 큰 맥락에서 움직이는 것이다(이인아, 2024). 반면 AI는 동기나 목적을 가지고 학습하지 않기 때문에 특정 회로망을 강화하거나 둔화시킬 필요가 없다. 정리하자면, 미래 어느 시점에 AI가 스스로 동기와 목적을 갖고 지능을 활용하는 사건(지성의 탄생)이 일어나지 않는 한, 구조 차이를 떠나 뇌와 AI는 근본적으로 다르다고 말할 수밖에 없다. 물론, 동기와 목적 함수를 인위적으로 구성하는 강화 학습 등의 방법을 AI에 적용해 뇌와의 차이를 줄이고 있으나 아직 근본적인 한계를 가진다.

뇌와 AI의 차이: 감정

생물학적 뇌가 AI와 가장 근본적인 차이점을 보이는 것은 지능뿐만 아니라 감정을 담당한다는 것이다. 이는 최재천 교수가 설명한 지능과 지성의 차이로도 설명할 수 있다. 사실 이미 그리스 시대부터 의과학자 히포크라테스를 포함한 철학자들은 인간 뇌가 생각과 정서를 관장하는 기관이라 주장했다(Temkin, 1971). 이처럼 뇌와 AI는 닮은 듯하나 분명 다른 면을 갖고 있다. 그것은 바로 정서라고 표현하는 감정이다. 현재 AI의 수준은 수많은 데이터를 분석하고 학습해 인간 행동이나 사고방식을 모방할 수 있지만, 데이터에 담겨 있지 않은 감정적인 요소를 이해하는 수준에는 이르지 못했다. 예를 들어, AI는 사람들의 표정을 분석해 기쁨, 슬픔, 분노 등의 감정을 파악할 수 있지만 AI는 그런 감정이 사람들에게 어떤 영향을 미치는지, 어떤 행동을 유발하는지 아직 이해하지 못한다(Rajalingham, et. al., 2018). 그런데 뇌가 효율적인 정보 처리를 하는 데 중요한 역할을 하는 것은 바로 감정의 이런 면이다(Mlodinow, 2022).

감정은 뇌가 빠른 '미래 예측과 기대'를 가능하게 해주는 주요한 기능이다. 인간 뇌에는 외부 정보를 분석하고 판단하는 신경망 외에도 기쁨, 슬픔, 분노, 두려움 등 다양한 감정을 담당하는 신경망이 존재한다. 그리고 뇌 속에는 고등 인지를 담당하는 회로망과 감정을 조절하는 회로망이 각기 존재한다(문제일, 2014; Park, et al., 2014). 감정을 유발하는 정보는 대개 생존에 밀접한 정보로, 복잡하지만 확실한 정보 처리보다 빠른 정보 처리를 통해 효율적인 미래 예측과 그 기댓값을 찾도록 긴 시간 진화적으로 학습되고 각인된 정보다. 즉, 감정을 처리하는 회로는 지능을 관리하는 회로와 구조가 다르며, AI와 달리 뇌가 보이는 직관적이며 효율적인 판단 능력과 깊은 연관이 있다. 반면 AI는 감정을 느끼거나 이해하지 못하기 때문에, 동기 부여나 미래 예측을 통한 기대감이 없어, 학습 후 효율성에서도 차이가 있다. 즉, 동기를 갖고 능동적으로 학습하는 뇌와 주어진 학습 데이터만을 학습하는 AI의 수동적인 학습 성과는 효율성에서 큰 차이를 보인다. 이에 대해 간단하지만 명쾌한 답을 주는 연구가 미국 MIT의 리처드 헬드와 앨런 하인 박사에 의해 수행된 바 있다(Held & Hein, 1963). 두 과학자는 동일 환경의 두 새끼 고양이가 능동적 혹은 수동적으로 시각 정보를 습득하도록 한 후 뇌 발달을 관찰했는데, 스스로 움직이며 능동적으로 새로운 시각 자극을 찾아다닌 새끼 고양이는 정상적인 뇌 발달이 일어났지만, 수동적으로 보이는 시각 정보만을 접한 새끼 고양이는 정상적인 뇌 발달이 일어나지 않았다. 즉, 학습에 대한 동기와 목적이 없는 AI의 정보 구축 체계는 비정상적인 학습으로 정상적인 뇌 발달 과정을 거치지 못한 불완전한 뇌 회로망과 같다.

감정은 단순히 우리의 내면적인 상태를 보여 주는 것 외에도, 뇌가 동기를 찾아 빠르고 효율적인 정보 처리와 판단을 가능하게 하고, 따라서 생각, 판단, 행동에 큰 영향을 미친다. 또한 다른 사람의 감정을 이해하고 공감할 수 있는 능력은 사회적 관계를 형성하고 유지하는 데 매우 중요한 역할을 한다. 따라서 향후 AI와 동반자적인 관계를 기대한다면, AI에 감정을 싣는 고민이 필요하다. 다만 감정에 기반한 정보 처리와 판단이 반드시 긍정적인 생각, 판단, 행동만으로 이끄는 것은 아니라는 점도 고려해야 한다.

참고문헌

문제일(2014). 미각 및 후각. 정천기, 『사람 뇌의 구조와 기능』(89-102쪽). 범문에듀케이션.

위키백과. https://ko.wikipedia.org/wiki/신경가소성

이인아(2024), 『퍼펙트 게스(Perfect Guess): 불확실성을 확신으로 바꾸는 맥락의 뇌 과학』, 21세기북스.

Cafasso, J.(2018.9.18). What is synaptic pruning?. Healthline media, https://www.healthline.com/health/synaptic-pruning

Colombo, M. & Piccinini, G.(2023). *The Computational theory of mind.* Cambridge university press, https://doi.org/10.1017/9781009183734

Eagleman, D.(2015). *The brain: The story of you.* Pantheon books. p.58.

Gurney, K. N., et. al.(2004). Testing computational hypotheses of brain systems function: A case study with the basal ganglia. *Network,* 15(4), pp.263-290.

Held, R. & Hein, A.(1963). Movement-produced stimulation in the development of visually guided behavior. *Journal of comparative and physiological psychology,* 56(5), pp.872 – 876.

Wikipedia. https://en.wikipedia.org/wiki/Geoffrey_Hinton

The Novel prize. https://www.nobelprize.org/prizes/physics/2024/hinton/facts/

Mlodinow, L.(2022). *Emotional: How feelings shape our thinking.* Pantheon, p.28.

Park, S., et. al.(2014). Ultrastructure and synaptic connectivity of main and accessory olfactory bulb efferent projections terminating in the rat anterior piriform cortex and medial amygdala. Brain struct funct, 219(5), pp.1603 – 1613.

Rajalingham, R., et. al.(2018). Large-scale, high-resolution comparison of the core visual object recognition behavior of humans, monkeys, and state-of-the-art deep artificial neural networks. *Journal of neuroscience,* 38(33), pp.

7255–7269.

Searle, J.(1980). Minds, brains and programs, *Behavioral and brain sciences*, 3(3), pp.417 – 424.

Somerville, L., et. al.(2013). The medial prefrontal cortex and the emergence of self–conscious emotion in adolescence. *Psycological science*, 24(8), pp.1154–1562.

Temkin, O.(1971). The falling sickness: A history of epilepsy from the Greeks to the beginning of moden neurology. Johns Hopkins university press, pp.5–10.

06

뇌와 AI, 그리고 철학

우리의 뇌에서는 학습, 인지, 추론뿐만 아니라 취향, 감정, 인식, 의지, 직관 등 다양한 사고 과정이 일어난다. 오래전부터 사람들은 이러한 인간의 사고에 대해 알고 싶어 했고, 기술의 발전과 AI의 출현으로 인해 인간의 사고에 대한 철학적 논의 역시 새로운 국면을 맞이하고 있다. 철학적 관점에서 인간의 뇌와 AI에 대해 개괄적으로 논의해 보고자 한다.

AI와 야구?

근대화 이전의 사람 뇌에 대한 고찰

고대 그리스 신화에는 탈로스(Talos)라는 청동 거인이 등장한다. 연금술의 신(神)인 헤파이스토스(Hephaestos)가 크레타(Crete)의 미노스(Minos) 왕에게 선물했다고 전한다. 탈로스는 크레타 왕국을 수호하는 병기로 적진의 배에 돌을 던져 침몰시키거나, 스스로 열을 내어 상대방을 불태우는 역할을 수행했다. 탈로스의 유일한 약점은 발뒤꿈치의 나사못으로, 인간의 혈관에 해당하는 밸브의 잠금 장치인데 이를 풀게 되면 탈로스는 연료가 소진되어 동작을 멈추었다고 한다. 고대 신화 속에서 이미 인공지능 로봇이 등장했다는 것은 현대 사회에서 매우 의미하는 바가 크다. 이미 고대 인류는 인간을 닮은 로봇에 대해 상상하고 있었다는 점이 시사하는 바는 현대 철학에 다양한 쟁점을 제시한다(김경식, 2023).

근대 르네상스와 산업 혁명을 거치며 본격적인 기계화 문명이 철학과 융합하면서 철학적 관점에서 인공지능, 로봇과 같은 인간이 아닌 존재에 대한 새로운 관점이 제기되고 있다. 논리학에서 자주 사용하는 '피노키오 패러독스(Pinocchio's Paradox)'를 예로 들 수 있다. 피노키오가 거짓말을 하면 코가 길어지는데, 거짓말을 하지 않아도 코가 길어지는 논리적 모순 상황을 주제로 하는 것이지만, 생물이 아닌 피노키오가 자유 의지와 생각을 가지고 행동한다고 해서 과연 이를 인간으로 볼 수 있는가? 좀 더 쉽게 설명하면 말을 하고 움직이는 피노키오가 있고, 늑대에게 길러져 말을 못하고 오로지 늑대와 같이 생활하는 인간 소년이 있다면 우리는 누구를 인간이라고 할 수 있을 것인가에 대한 문제다. 인간이 생각을 언어로 표현할 수 있기에 최상위 고등 생물로 자리매김할 수 있었다고 본다. 이를 호모로퀜스(Homo Loquens)라고 한다(양운덕, 2001).

인간의 의식, 생각, 자유 의지 같은 형이상학적 영역에 대해 수많은 철학자들이 고민하고 생물학적, 논리적 근거를 제시해 왔다. 레오나르도 다빈치(Leonardo da Vinci), 부오나로티 미켈란젤로(Buonarroti Michelangelo) 등 유명한 예술가이자 철학자들도 인간의 뇌는 신의 영역과 관련이 있다고 여겼으며, 각종 그림에서 신과 천사의 배경에 뇌의 이미지를 형상화한 것은 유명한 일화다. 르네 데카르트(René Descartes)는 뇌를 직접 해부해 송과체가 정신과 신체를 이어 준다고 하는 '인간의 정신-생물학적 이원론'을 제시했으며, 지그문트 프로이트(Sigmund Freud)와 칼 구스타프 융(Carl Gustav Jung)은 인간의 신체와 정신은 분리될 수 없다는 '정신-생물학적 일원론'을 제시했다(이진경, 2005). 근대 철학은 인간의 뇌 어디에서 의식이 발현하는지, 어떠한 기능을 수행하는지에 대해 본격적으로 탐구했다. 그렇지만 20세기 전까지는 인간의 뇌를 과학적으로 연구할 수 없었기에 인간의 행위를 토대로 경험적으로 연구할 수밖에 없었다. 이는 인간의 뇌를 인간이 연구하는 근본적 한계에 따른 특수성에 기인한다. 21세기 현재에도 임상 의사들은 치매와 같은 뇌 질환은 환자 사후(死後) 두개골을 절단해서 뇌를 검사해 최종적으로 임상 진단을 내린다. 살아 있는 동안 사람의 뇌에 조직 검사와 같은 것을 할 수는 없지 않은가?

인간의 의식, 생각과 같은 형이상학적 개념에 대해 근대 철학자들은 인간의 행위 중 대표적으로 언어 행위에 주목했다. 동물도 인간과 유사하게 소리를 이용해 의사소통을 하지만 인간과 같이 문법을 갖추고 형이상학적 개념을 논의하지는 않는다. 인간의 의식과 생각, 자유의지 등은 언어의 구체화를 통해서 이상적 언어를 형성하며, 이러한 소통 체계가 인간을 지배하고 문화를 만들어 왔다고 보았다. 이러한 언어에 주목한 철학자들은 루트비히 비트겐슈타인(Ludwig Wittgenstein), 페르디낭 드 소쉬르(Ferdinand de Saussure), 에이브럼 노엄 촘스

키(Avram Noam Chomsky) 등을 들 수 있다(정연진, 2009).

질 들뢰즈(Gilles Deleuze)의 '차이의 철학'

20세기 들어 인간 뇌의 구조와 작동 원리가 규명되기 시작하면서 신경 과학자들과 철학자들은 전두엽에서 생성된 의사 결정이 측두엽의 베로니카 영역(언어와 문법을 담당하는 것으로 알려져 있다)에서 언어화되는 것에 주목했다. 즉, 언어와 기호(글자, 문법)라는 매개체를 통해서 인간은 역사를 만들고 사회를 구성해 왔다는 이론에 대해 신경 과학적 근거를 제시한다고 보았다(한겨레, 2007).

이제 인공지능이 등장하면서 이런 철학적 논의에 대해 새로운 관점이 필요해지고 있다. 뇌를 가지고 사고하는 인공적인 피노키오와 생물학적 인간이지만 말을 못하는 늑대 소년 중 누가 인간에게 가까운 존재일까? 인공지능은 대규 언어 모델 학습을 통해서 패턴 학습을 통해 자율적으로 판단하고 말을 하기 시작하고 있다. 그것이 인간과 달리 마음이 담긴 말은 아니겠지만, 과연 인공지능이 하는 말을 우리는 거짓말이라고 단언할 수 있는가? 그리고 이제까지 언어에서 철학적 주체는 항상 인간이었다. 외적 대상을 향해 질문을 하고 답을 구하는 것도 모두가 인간이라는 이야기다. 신은 존재하는가, 외계인은 존재하는가와 같은 질문은 결국 인간이 궁금한 것에 대해 인간 스스로가 질문을 던지는 것이다. 자, 이제 인공지능이 인간에게 질문을 한다. 소프트웨어적인 2차원적 알고리즘의 수준을 벗어나 인간보다 더 많은 배경 지식을 가지고 인간에게 질문을 한다면 우리는 과연 어떻게 대처해야 하는가? 2차원적 화면을 뚫고 나온 인공지능을 탑재한 피노키오가 실제 등장해 인간과 교감한다면 생물학적 한계만으로 인간을 규정할 수 있을 것인가(신지영, 2011)?

만약 세계적인 대부호인 워런 버핏(Warren Buffett) 회장이 서민 음식인 햄버거를 좋아한다면, 그것이 개인적 취향인지 전략적으로 서민 행세를 하는 것인지 우리는 알 수가 없다. 검소한 생활 습관으로, 아니면 개인적 취향으로 햄버거를 좋아할 수도 있지만, 언론에 본인을 어필하기 위해 의도적으로 그럴 수도 있다는 말이다. 같은 사람의 행위에 대한 관점과 해석이 다른 우리에게 인공지능은 어떠한 진화론적 존재로 다가올 것인가? 이러한 철학적 배경으로 등장한 것이 들뢰즈가 중심이 된 '차이의 철학'이다. 우리 주변의 사물을 철학적 대상으로 인식해 동질성과 차이성에 대한 수준의 정도를 어디까지 사회적으로 수용할지에 대해 아무도 확언할 수가 없다. 일본의 유명한 애니메이션인 〈공각 기동대〉에 등장하는 주인공은 사이보그지만 인간과 같은 감정을 가지고 네트워크로 연결된 사고를 공유한다. 들뢰즈의 입장에서 사이보그는 인간과 어떠한 차별성을 가지고 있을까? 감정과 생각을 가지고, 인간이 꿈을 꾸듯이 네트워크를 통해 사고를 확장한다는 측면에서 인간과 동일성을 가지고 있다고 할 수도 있다. 이제 철학의 관점은 과거 신과 인간의 관계, 근대 인간과 인간의 관계에서 미래에는 과학 기술과 인간의 관계로 변화할 필요가 있을 것이다(최돈일, 2019).

산업 혁명 이후, 과학 기술은 인간에게 많은 혜택을 가져다주었다. 그렇지만 지금은 과학 기술 발전에 인류가 적응해 가고 있는지도 모른다. 인공지능이 인간에 의해 개발되었지만, 인간과 다른 차이점을 가지게 된다면, 인간은 과연 이를 통제할 수 있을까? 16세기 오스트리아의 유태인 랍비인 뢰브 벤 베자렐(Loew Ben Bezalel)은 '골렘(golem) 효과'를 제시했다. 돌로 만든 골렘은 인간의 기대에 부응할 수도 있지만, 그렇지 않을 가능성도 있다는 의미다. 현대 많은 철학자, 법학자, 인문 사회학자들은 인공지능이 인간을 대리할 수 있는가, 인간의 존재와 존엄성에 대해 어떤 영향을 끼칠 것인가 등 다양한 주제에 대해 고민하고 있다. 그렇지만 이에 대한 적절한 대응과 해답은 매우 어려운 문제다. 쉽게 이야기하면 2017년 개봉한 영화 〈에이리언: 커버넌트(ALIEN: COVENANT)〉에서 인조인간 데이비드(David-8)와 월터(Walter-1)의 대화는 매우 흥미롭다. 데이비드는 너무나 인간적인 측면, 즉 감성적인 측면을 강조해서 만든 모델이고, 월터는 데이비드로 인한 불편한 골짜기(Uncanny valley)를 해소하기 위해 개량한 모델이다. 데이비드는 인간을 사랑하는 감정을 가질 수 있다고 하며, 월터는 인간을 위하는 행위는 감정이 아니라 사람을 보호해야 한다는 로봇의 원칙에 따른 것뿐이라고 주장하는 장면이 나온다. 이런 논란에서 불편한 골짜기는 아직은 추상적이고 개념적 논리로 과학적으로 입증이 어렵다. 다만, 인공지능의 기술 발전 속도를 감안했을 때, 과연 불편한 골짜기가 보다 구체화된다면 우리는 어떻게 대처해야 할 것인가(신홍임, 2021)?

참고문헌

김경식(2023). 인공지능은 정말로 '인간의 형상'이 되어 가고 있는가?

≪한국기독교신학논총≫, 130, 441-483쪽.
신지영(2011). 들뢰즈 차이의 위상학적 구조. ≪현상학과 현대철학≫, 50, 109-142쪽.
신홍임(2021). 불쾌한 골짜기: 로봇 속성의 의인화, 마음 지각 및 도덕적 처우의 관계. ≪감성과학≫, 24(4), 3-16쪽.
양운덕(2001). 『피노키오는 사람인가, 인형인가?』. 창작과비평사.
이진경(2005). 『철학과 굴뚝 청소부』. 그린비.
정연진(2009). 뇌와 언어. ≪새한영어영문학회 학술발표회 논문집≫, 1-8쪽.
최돈일(2019). 〈공각기동대〉의 캐릭터 존재성 연구. ≪만화애니메이션 연구≫, 54, 101-118쪽.
한겨레(2007.7.29). 뇌 언어 관련 영역, 브로카와 베르니케.

07
AI의 의식 구현 가능성

자아의식과 사회적 작용이 인간을 만물의 영장으로 만들었다. 인간의 의식이 뇌의 생물학적 작용을 통해서 이뤄지는 것임은 분명하지만 그 작동 기제와 원리는 아직도 규명되지 않았으며, AI가 이를 모사할 수 있을지에 대해 다양한 해석과 고민이 이루어지고 있다. 과연 인간의 의식이라는 것은 무엇일까에 대해 고찰하고자 한다.

AI와 윤동주?

인간의 의식, 의지, 생각

뇌에 대한 연구가 본격적으로 시작된 것은 데카르트로부터라고 하는 사람들이 많다. 그의 유명한 격언 "나는 생각한다, 고로 존재한다(Cogito, ergo sum)"라는 말은 인간이 신(神)의 종속적 존재에서 벗어나 독자적 정체성을 가진 존재로 스스로를 규정할 수 있게 되었다는 뜻이다. 이후 등장한 프로이트와 융은 정신과 신체는 하나의 존재로, 뇌가 대표성을 가진다고 했다. 이는 생물학적인 뇌의 원리가 규명되지 않은 상태에서 제기된 주장이지만 '의식' 그 자체에 대해 주목했다는 점에서 사회학적, 심리학적으로 높이 평가받고 있다(이혜인, 2021).

인간의 의식에 대해서는 여전히 심리학, 철학, 생물학계에서 치열하게 논쟁 중이다. 1998년 최근 미국 뇌 과학자 크리스토프 코흐(Christof Koch)와 철학자 데이비드 차머스(David Chalmers)는 인간의 의식은 어디에서 나타나는가를 가지고 내기를 했다. 차머스는 뇌는 통합적으로 기능하며, 인간의 의식은 뇌의 다양한 정보 처리 과정에서 발생한다고 했다. 코흐는 시각에서 인지한 정보가 제일 우선시되며, 시각 인지 정보를 처리하는 뇌의 뒤편에서 의식의 발현이 이뤄진다고 했다. 1998년에 내기를 시작했으나 25년이 지난 2023년에서야 1차전의 결과가 나왔다. 우선 뇌의 통합적 원리가 의식과 깊은 관련이 있다고 했다(Lenharo, 2023).

'내가 나로 존재한다'는 것은 결국 인간이 자아의식을 가지고 있기 때문이며, 이런 의식의 작용이 인간을 만물의 영장으로 만들었다. 그러나 인간의 의식은 뇌의 생물학적 작용을 통해서 이뤄지는 것임은 분명하지만 그 작동 기제와 원리는 아직 규명되지 않았다. 인간이 외부에서 경험한 정보, 사건과 사실에 관한 사항은 내측 측두엽(Medial Temporal Lobe)과 해마(Hippocampus)에 저장하며, 기술과 습관에 관한 정보는 선조체(Striatum)에 저장한다고 알려져 있다. 그리고 편도체(Amygdala)는 정서, 기억과 관련이 있으며, 걷기, 운동과 같은 정보는 소뇌(Cerebellum)에 기록되어 우리 뇌에서 다양한 정보 조합을 통해서 발현된다고 한다. 인간만이 가지는 정서, 의식, 마음과 같은 영역에 대한 해석을 하기 위해 개인과 개인, 집단과 사회에서 형성되는 정보 습득과 발현 과정도 상호 순환적으로 작용한다. 그렇지만 현재 신경 과학의 발전에도 불구하고 신경 세포와 세포 연결망의 생물학적 작용만을 알 수 있으며, 뇌가 의식과 정신의 핵심 기제라는 것 외에는 구체적으로 규명된 바가 없다. 미국 하버드대학 신경 생리학자인 제럴드 피시바크(Gerald

D. Fischbach)는 뇌를 우주에서 가장 복잡한 기관이자, 정신의 기관으로 정의했다. 어찌 보면 생명의 탄생과 더불어 인간의 의식은 영원히 풀리지 않는 수수께끼로 남을 가능성도 있다고 했다(Fischbach, 1992).

우리 사회 구성원 간 소통 과정에서도 상대방이 어떠한 감정, 의식을 명확하게 파악하는 것은 불가능하다. 상대가 사이코패스(Psychopath), 소시오패스(Sociopath)로 나를 이용하고 있는지 의도를 파악하는 것은 힘들다. 결국, 얼굴 표정, 행동, 태도, 주변 환경 등 여러 요소를 종합해 판단할 수밖에 없다. 우리 사회가 일정 수준을 형성하고 유지하는 것은 타인의 행동을 모방하고 학습하기 때문이다. 인간의 뇌에는 특정 행동을 접할 때와 타인이 같은 행동을 할 때 유사한 반응을 유도하는 거울 신경 세포(Mirror Neuron) 체계가 존재한다. 거울 신경 세포(Mirror Neuron)는 특정 움직임을 수행할 때와 다른 개체의 특정한 움직임을 관찰할 때 모두 활성화되는 신경세포를 말하며, 이런 특성 때문에 거울이라는 용어를 사용한다. 이와 더불어 진화론적 배경에서 인간의 이타주의(利他主義)에는 전쟁과 같은 자원의 소모를 통한 영역의 확장보다는 친화적 협업이 생존에 더 유리하다는 해석이 작용하고 있다. 그러나 협업 과정에서 생산된

전리품의 공정한 배분과 공유는 생물학적 사실만으로는 설명할 수 없다. 신경 과학이 인간의 모든 행위를 설명할 수 있는가? 과연 신경 과학이 복잡한 사회 문제 해결의 유일한 수단이 될 수 있는가?

사회 문제 해결은 다양한 요소와 이해관계자 간 협의와 조정을 거쳐야 하며, 기본적으로 한계(限界)와 효용(效用)의 문제이기 때문에 신경 과학만이 근본적 해결책은 될 수가 없다. 인간은 기본적으로 혈연관계를 넘어 사회를 형성하고 확장과 발전을 하고 있다. 이런 과정과 결과는 신경 과학에 따른 행동을 넘어서 또 다른 행동에 기인한 바가 있으며 이를 '모방(模倣)'이라고 한다. 모방은 단순히 타인의 행동을 그대로 하는 것이 아니라 사회를 형성하고 정상적 유대감을 가질 수 있는지를 확인하는 1차적 관문으로서의 자격을 가진다. 모방을 하기 위해선 서로 관찰이 필요하며 이런 과정에서 본능적으로 최악을 피하는 생물학적 기제가 작동하고, 또한 학습과 교육으로 사회적 능력이 향상하며 생존 경쟁에서 집단 형성을 통해 유리한 입장으로 진화한다고 본다. 모방은 중요한 사회적 능력, 즉 다른 사람들이 의도하고, 믿고, 기대하고, 느끼는 것을 아는 "마음을 읽는" 능력 존재를 나타내기 때문이다. 우리 뇌는 집단 역학을 구성하며, 우리

만의 집단을 형성하거나, 타인과 구별되는 새로운 반대 집단을 형성하게 되는 것이다(Churchland, 2008).

로봇은 메타인지를 가질 수 있나? : 인지 과학 혁명

인간의 생각, 감정, 행위 의지, 의식에 대한 논란이 여전한 가운데, 인공지능이 의식을 가질 수 있는지에 대해 많은 사람들이 궁금해한다. 현재 LLM(대형 언어 모델, Large Language Models) 기반의 인공지능은 수많은 파라미터를 가진 인공 신경망을 토대로 인간의 감정과 감성을 모사하고 있다. 과연 이러한 인공지능의 결과물이 인간과 같은 의식을 바탕으로 한 행위일까? 이러한 논쟁 자체는 신경 과학이 아직 명확한 결과물을 내놓지 못하고 있는 상황에서, 사회 구조적, 철학적 관점에서 기능성만을 고려하면 의식을 구분하기는 어렵다. 철학적 관점의 하나인 기능주의 철학의 '다중 구현 가능성(Multiple Realizability)' 개념에 따라, 즉 정보 처리 체계에서 정보가 어떻게 습득되며 처리되어 구현되는가에 중점을 둘 경우, 인간의 신체와 인공지능과 컴퓨터는 소프트웨어적 관점에서 동일한 원리가 적용될 수 있기 때문이다(이정모, 2010).

이런 맥락에서 인공지능도 의식을 가질 수 있다고 볼 수 있다. 미국 컴퓨터 과학자 커즈와일(Ray Kurzweil)은 인공지능이 발전하면서 정보 처리 가속화 과정에서 의식이 발생할 수 있다고 했다. 이러한 주장에 대해 여러 가지 논쟁이 있지만, 인공지능을 통한 새로운 의식에 대한 관점을 제기하고 있음을 알 수 있다(김준성, 2017). 현재 신경 과학을 비롯한 다수의 전문가들은 인공지능이 인간을 넘어서는 존재가 될 수 없는 이유 중 하나로 메타인지(Meta-Cognition)를 들고 있다. 메타인지는 인간이 오감(五感)을 사용해 획득한 정보를 토대로 보다 고차원적이면서 형이상학적인 정신 작용을 통칭한다. 쉽게 말해서 넘을 수 없는 이유 중의 『논어(論語)』 위정편(爲政篇)에 나오는 "아는 것을 안다 하고 모르는 것을 모른다 하는 것, 이것이 진정한 앎이다(知之爲知之, 不知爲不知 是知也)"라는 말은 인간에게만 적용된다는 것이다. 즉, 스스로 수준을 파악하고 이를 보완하기 위해 인지하는 것을 메타인지라고 할 수 있을 것이다. 인공지능이 아무리 발전해도 결국은 빅 데이터를 기반으로 알고리즘에 의한 다양한 학습을 거쳐서 의사 결정을 한다. 인공지능이 선택한 결과와 행위에 대해서 스스로 설명할 수 있는 수준에까지 이르고 있지만, 이는 역추론 방식을 이용해 데이터를 분석해 결괏값을 도출해 내었다고 판단할 수 있다. 그렇지만 인간은 뇌를 이용해서 관찰하고 문제점을 발견해 본인에게 최적화된 결과를 이행한다. 이런 과정에서 명시적 학습 결과 외에 지식, 경험, 기억 등 묵시적 지식을 통해 고차원적 의사 결정을 한다는 점에서 인공지능이 인간을 초월하는 것은 한계가 있을 것이다(강태우 외, 2023).

다만 관점을 달리해 인공지능이 굳이 인간과 유사한 의식을 가지거나, 인간을 초월해야 하는 이유에 대해 질문할 수 있다. 슈퍼 인공지능을 만들어서 인간은 이를 어디에 사용할 것인가? 과학적 호기심만으로 인공지능 개발을 목적 없이 추진한다는 것은 우리 사회에 어떠한 영향을 끼칠지 모른다. 실제로 이미 일부 인공지능은 인간을 능가하기 시작했으며, 엄청난 양의 데이터를 기반으로 환자 개인 맞춤형 진단 의료, 소비 행태 분석에 따른 구매와 경제 활동 등 사회 각 분야에서 인공지능이 우리를 관리하고 있다. 우리나라도 얼마 전 국내 병원에 도입된 인공지능 진단 시스템에 대해 환자는 더 높은 신뢰도 점수를 줬으며 만약 인공지능이 어떤 치료법을 제안했을 때 신뢰한다는 답변이 반대보다 월등히 높았다. 여기서 주는 의미는 이제는 인간의 지식과 판단력은 특정 분야에서 인공지능과 경쟁이 되지 않는다는 점이고 우리는 변화하고 있는 사회 속에서 새로운 길을 모색해야 한다는 것이다.

참고문헌

강태우 외(2023). AI와 신경 과학 기반 융합 윤리 패러다임의 필요성. ≪디지털윤리≫, 7(2), 1-13쪽.

김준성(2017). 알파고의 계산 능력은 인간의 의식으로 도약할 수 있는가?. ≪시민인문학≫, 32, 167-179쪽.

이정모(2010). '체화된 인지(Embodied Cognition)' 접근과 학문간 융합 - 인지 과학 새 패러다임과 철학의 연결이 주는 시사 - . ≪철학사상≫, 38, 27-66쪽.

이혜인(2021.10.15). 마음은 뇌에서 만들어지는 것일까? '뇌 과학의 모든 역사'. ≪경향신문≫.

Churchland, P. S.(2008). The impact of neuroscience on philosophy. *Neuron*, 60(3),pp.409-411.

Fischbach, G. D.(1992). Mind and brain. *Scientific American*, 267(3), pp.48-59.

Hanson, R.(2017). What would happen if we upload our brains to computers?, TED, https://www.ted.com/talks/robin_hanson_what_would_happen_if_we_upload_our_brains_to_computers?subtitle=en

Lenharo, M.(2023.6.24). Decades-long bet on consciousness ends - and it's philosopher 1, neuroscientist 0. *Nature*.

08
AI와 새로운 사회 문제들

AI의 편향성과 차별 가능성은 SNS나 OTT 등 사회 여러 면면에 영향을 미치고 있다. 이러한 편향성은 인간 사회에서도 발생하는 것으로, 이를 신경 과학 측면에서 설명하고 악영향을 최소화하기 위한 방법을 고민해야 함을 설명한다.

AI와 한의학?

SNS는 축복인가? 저주인가?

우리 사회는 인공지능이 설계한 다양한 네트워킹과 미디어 속에서 살고 있다. 과거 TV 공중파 방송 매체에 일방적으로 의존하던 시대를 지나서 21세기 현재 모든 사람이 제작자(크리에이터)가 될 수 있고 사용자가 되는 이중적 지위를 가진다. 우리나라 과학기술정보통신부가 조사한 '2023년 인터넷 이용 실태 조사' 결과를 보면 온라인 동영상 플랫폼을 비롯해 인공지능 서비스를 이용한 경험이 50.8%로 국민 2명당 1명이 이를 사용하고 있으며, 주된 사용 목적으로는 ① 주거 편의, ② 교통, ③ 교육, ④ 커뮤니케이션 등의 순서로 나타났다. 여기에서 주목할 점은 과거 인터넷, 컴퓨터, 인공지능 등 첨단 과학 기술 분야의 사용에 거리감이 있는 것으로 알려진 고령층(60세 이상)의 온라인 플랫폼 사용률이 평균 81.1%로 엄청나게 수직 상승하고 있다는 점이다. 특히 70대의 경우 2019년 38.9%에 지나지 않았으나 2023년 64.4%로 급상승해 이제 세대의 구분 없이 온라인 플랫폼은 우리 생활의 필수 요소로 자리매김했다(과학기술정보통신부, 2024).

예전에는 도서관에서 자료를 직접 찾아보며 많은 시간을 들였지만, 이제는 인공지능을 이용해 엄청난 정보를 단 몇 시간 만에 수집할 수 있다. 또한 SNS와 같은 미디어를 이용해 정치, 경제, 사회 등 여러 분야에 대해 글로벌 토론, 토의가 가능한 시대에 살고 있다. 그렇지만 방대한 데이터 가운데 문제를 분석하고 적절한 해답을 찾는 능력이 퇴화하고 있다고 한다. 사회 각계각층에서는 이를 '디지털 리터러시(Digital literacy)'라고 하며 온라인 생활 속에서 사회 문화적 맥락을 이해하고 자기 성찰에 대한 능력이 줄어드는 것을 우려하고 있다. 이러한 능력의 쇠퇴는 무분별한 정보를 식별하지 못하고, 가짜뉴스나 개인 정보 침해, 지적 재산권 침해 등 다양한 문제를 수반할 수 있다. 대부분 사용자들은 이런 문제를 인식하지 못하고 인공지능의 알고리즘은 항상 정확할 것이라는 '환각 현상(Hallucination)'에 빠지게 된다(박종일 · 박종열, 2023). 인공지능 기반의 SNS, 즉 사용자 맞춤형 콘텐츠 추천 방법은 '필터 버블(Filter-Bubble)'을 기반으로 한다. 정보 이용의 시간을 더 극대화하며, 기업들은 광고, 마케팅에 활용해 이윤 창출의 전략적 도구로 활용하고 있다. 우리의 뇌를 자극해서 보고 싶은 것만 보고, 더 자극적인 것을 보도록 하는 필터 버블은 결국 개인의 태도, 의견, 지배 가치 정립에 큰 영향을 끼치게 된다(강태우, 2024).

과거 인류의 발전과 함께 음악, 노래, 춤이 발달해 온 것은 음악이 인간의 뇌에 인지 예측성을 주기 때문이라고 한다. 이러한 예측성은 즐거운 경험을 주며, 뇌의 도파민 분비를 촉진해서 보상 시스템을 가동케 해 더 많이 움직이고 더 많이 즐거움을 느끼게 된다는 것이다. 이는 언어의 발전과 유사한 메커니즘을 지니지만, 사회를 결속하는 또 다른 매개체로 작동하고 있다고 했다(Weigmann, 2017). 올바른 사회 구성과 운영을 위해 개인 간, 집단 간에 음주가무나 축제를 즐긴 것과 달리 디지털화, 개인화, 인공지능의 시대를 맞이하면서 철저하게 개인 중심의 사회로 재편되고 있다. 인공지능이 발전하면서 사회는 더 수평적이고 평등한 관계를 형성할 것이라고 기대했으나, 현실은 이상과 매우 다르다. 편향성과 환각 현상으로 인해 정치적, 경제적, 사회적 가치 등에 따라서 젠더 간, 세대 간 갈등과 정치적 대립 현상이 증폭되고 있다. 온라인 플랫폼으로 서로가 소통하며 자유로운 의견 교환으로 모든 성별, 인종, 세대가 평등하게 공정한 사회에 기여할 것으로 기대했으나, 현실은 반대이며, 특히 정치적 입장에서는 혐오와 증오의 수준에까지 이르고 있음을 염려하고 있는 것이다. 이러한 이론적 배경으로 조지 레이코프(Lakoff, 2014)의 유명한 저서 『코끼리를 생각하지 마(The all new Don't think of an elephant!)』를 들 수 있다. 레이코프는 그의 저서에서 정치적 인지 프레임을 제시하면서, 온라인 플랫폼에서 정치적 특정 용어를 생각하게 되면 유권자들은 더욱더 집착하게 되며, 특정 영역이 짜 놓은 덫에 빠질 수 있다고 위험성을 경고했다(Dean, et. al., 2004). 다수 연구자들은 ① 인공지능이 윤리적일 수는 없으며, 빅 데이터와 알고리즘의 기술적 문제로 모든 것을 해결할 수 없고, ② 생성형 인공지능에 편향된 데이터가 삽입될 경우, 그 결과물은 편향적일 수밖에 없으며, ③ 이를 막기 위해서는 일일이 모든 데이터를 비교해야 하는데 이는 현실적으로 불가능하다고 했다(방준성 외, 2023).

코끼리 다리 만지기를 넘어서자!

현재 생성형 인공지능이 접목된 온라인 플랫폼 등은 사용자의 문제의식과 윤리적 대응에 의존해야 함을 알 수 있다. 그러나 인간은 중독에 매우 취약한 존재다. 인공지능 중독 현상을 남의 일이라고 치부하기에는 약물과 같은 마약 중독 외에도 게임 중독, 인터넷 중독과 같이 이미 사회적으로 다양한 문제가 발생하고 있다. 연세대학 김병규 교수는 그의 저서 『호모 아딕투스(Homo

Addictus)』에서 온라인 콘텐츠는 뇌에 지속적인 만족감을 주어 보상 회로를 자극해 더 많은 소비와 구매를 촉진함을 지적하기도 했다(이지은, 2022). 여기에서 주목할 점은 인간 뇌의 보상 회로에 관한 것이다. 뇌의 보상 회로는 우리가 흔히 행복 호르몬이라고 알고 있는 도파민의 작용이다. 도파민으로 인해서 시간의 상대성을 느끼게 되며, 마약을 비롯해 중독 현상을 경험하게 된다고 했다. 뇌에서 분비되는 신경 전달 물질인 도파민은 중뇌 흑질과 전전두엽 피질로 확산되며 쾌락과 만족감을 느끼게 한다. 도파민으로 인해 보상, 성취감을 느낄 경우, 우리 뇌는 더 많은 보상과 쾌락을 갈구한다. 이러한 도파민 중독 현상에 대해 뇌 영상 이미지 분석 등을 통해서 다수의 연구가 진행 중이다(Wise & Robble, 2020).

이런 맥락에서 인공지능이 온라인 플랫폼에서 사용자의 관심을 지속적으로 유지하고 최대의 만족감을 주기 위해 보다 자극적인 인센티브와 동기 부여를 강화할 필요가 있다. 인간의 보상 회로를 자극해 사용자의 몰입감을 증폭하고(Solinas, et al., 2019), 특히 온라인 영상 시청이 대부분이기에 시각 회로와 관련한 뇌의 후두부에서 보상 회로의 작동이 시작된다고 알려져 있다(Telzer, 2016). 다만 뇌의 작동 기전만으로 온라인 플랫폼에 중독된다고 설명하기에는 한계가 있다. 살아 있는 사람의 뇌를 함부로 연구할 수 없으며, 또한 연구 과정에서 연구자에 의한 환경 설정 등이 인위적 조작 요소로 작동할 경우 연구 결과의 신뢰성과 타당성, 객관성을 담보할 수 없기 때문이다. 그리고 더 나아가 사회 전체에 공통적으로 적용할 수 있는 생물학적 지표를 개발하는 것은 한계가 있기 때문이다. 사람은 생물학적 뇌의 작용 외에도 사회적, 문화적 요소 등에 의한 다양한 변수가 존재하기에 도파민 중독만으로 모든 것을 설명할 수는 없다. 그렇지만 도파민에 의한 동기 부여, 지속적인 쾌락 탐구와 보상 회로에 대한 연구는 우리 정서에 큰 영향을 끼치는 것으로 알려져 있으며, ① 알고 있는 정보의 더 많은 관련 정보에 대한 욕구를 자극하고, ② 이런 자극이 뇌의 보상 회로를 작동시켜서 인공지능이 제공하는 정보에 무분별하게 빠져들 가능성이 있음을 시사한다(Kang, et al., 2009). 이런 추세에 대해 다수 전문가들은 ① 온라인 콘텐츠의 지속적인 이용은 인공지능이 추천하는 더 자극적인 콘텐츠를 사용하게 되며, ② 이러한 지속적인 자극인 도파민에 대한 내성을 가지게 되어 더욱더 극단적인 콘텐츠를 찾게 된다고 했다(Bozkurt, et al., 2016).

현재까지 국내외적으로 제안된 다양한 법과 규칙은

인공지능 알고리즘 설계와 데이터 수집 과정에 대해서만 집중되어 있다. '윤리의 제도화'는 어찌 보면 최소한의 행위 규정으로 귀결되어 ① 윤리 제도에서 회피를 통한 악용 문제를 발생시키고, ② 새로운 문제에 대한 사회 구성원의 자율적인 성찰에 한계성을 지니게 할 수도 있다. 인간 행위를 분석하면서 사회 내에서 과거의 축적된 경험을 토대로 상식적으로 예측하는 것도 중요한 방법론이지만, 상식이라는 환경이 과학 기술의 변화에 따라 그 개념이 수시로 변화하고 있는 시점에서는 신경 과학의 방법론이 필수적으로 수반될 필요가 있다. 특히 우리나라는 정부와 기업의 사회적 책임을 강조하며 인공지능 윤리 문제에 대응하기 위해 노력하고 있다. 그렇지만 이러한 문제 제기에도 불구하고 전략적 기술 차원에서 인공지능 기술 개발의 중요성을 우선시하고 있는 현실이 매우 우려스럽다.

참고문헌

강태우 외(2023). 제4차 뇌 연구 촉진 기본 계획 중 신경 윤리학 분야에 대한 비판적 검토. ≪생명윤리정책연구≫, 17(1), 123-154쪽.

강태우(2024.6.20). [융합 시대의 뇌 과학 엿보기] SNS를 끊고 뇌에 휴식을 주자. ≪교육연합신문≫.

과학기술정보통신부(2024.3.28). 과기정통부, '2023 인터넷 이용

실태 조사' 결과 발표.

박종일 · 박종열(2023). 생성형 인공지능 미디어를 만들다. ≪정보와통신≫, 41(1), 21-28쪽.

정용찬 · 김윤화(2022). 2022 방송 매체 이용 행태 조사. 방송통신위원회.

방준성 외(2023). 대화형 봇에 의한 대화 주제 정렬 과정에서의 인공지능 윤리 가이드라인에 관한 연구. ≪방송공학회 논문지≫, 28(5), 564-577쪽.

이지은(2022). [Weekly Book Review] 중독 경제의 비밀. ≪더스쿠프≫, 506, 70-71쪽.

Bozkurt, H., et. al.(2016). İnternet bağ ı ml ı l ı ğ ı : Güncel bir gözden geçirme. *Çağdaş T ı p Dergisi*, 6(3), pp.235-247.

Dean, H., et. al.(2004). *Don't think of an elephant!: know your values and frame the debate - The essential guide for progressives*. Chelsea Green publishing.

Kang, M., et. al.(2009). The wick in the candle of learning: Epistemic curiosity activates reward circuitry and enhances memory. *Psychological science*, 20(8), pp.963-973.

Macït, H. B., et. al.(2018). A research on social media addiction and dopamine driven feedback. *Mehmet Akif Ersoy Üniversitesi İktisadi ve İdari Bilimler Fakültesi Dergisi*, 5(3), pp.882-897.

Solinas, M., et. al.(2019). Dopamine and addiction: what have we learned from 40 years of research. *Journal of Neural Transmission*, 126(4), pp.481-516.

Telzer, E. H.(2016). Dopaminergic reward sensitivity can promote adolescent health: A new perspective on the mechanism of ventral striatum activation. *Developmental cognitive neuroscience*, 17, pp.57-67.

Weigmann, K.(2017). Feel the beat: Music exploits our brain's ability to predict and the dopamine–reward system to instill pleasure. *EMBO reports*, 18(3), pp.359–362.

Wise, R. A. & Robble, M. A.(2020). Dopamine and addiction. *Annual review of psychology*, 71, pp.79–106.

Telzer, E. H. (2016). Dopaminergic reward sensitivity can promote adolescent health: A new perspective on the mechanism of ventral striatum activation. Developmental cognitive neuroscience, 17, 57–67.

Weigmann, K. (2017). Feel the beat: Music exploits our brain's ability to predict and the dopamine-reward system to instill pleasure. EMBO reports, 18(3), 359–362.

Wise, R. A., & Robble, M. A. (2020). Dopamine and addiction. Annual review of psychology, 71, 79–106.

09

뇌와 인공지능의 공존

뇌가 인공지능 발전에 영향을 주는 것과 함께 AI 확산에 따라 인간의 뇌 발달 정도 또한 달라지고 있다. AI와 뇌가 서로 영향을 주면서 변화하고 있는 최신의 모습과 미래 방향성을 설명하고 발전적 모습을 제시한다. 또한 이러한 측면과 더불어 새로운 문제의 등장이 예견되는 가운데 우리 사회가 해야 할 일을 설명하고자 한다.

AI와 화장품?

인터넷 커뮤니티 더쿠(The Qoo)에는 다음과 같은 글이 게시되었다. "인류의 역사에서 지난 9900년간 과학적 진화 속도가 10이라면 1946년 최초의 컴퓨터 개발 이후 2000년까지 50여 년간의 진화 속도는 무려 100, 2000~2010년 속도는 4000, 2010~2020년 속도는 무려 6만이다. 그런데 2020~2030년의 속도는 78만으로 인공지능의 특이점 세계가 열릴 것이다"라며 이미 우리 사회는 인공지능이 선도하는 시대로 접어들었다고 했다.

그리고 미국 Martech Zone의 창립자 더글러스 카(Douglas Karr) 박사는 AI가 기후 변화, 기아, 식량난과 같은 인류의 문제를 해결하고, 과학 기술의 눈부신 발전을 이끌어 내어 인간이 보다 행복하게 살 수 있는 생태계를 만들어 낼 것이라고 전망했다. 다만, 소프트웨어적인 알고리즘 개발의 수준을 넘어서 혁신적 성과물을 만들어 내기 위해서는 인간의 뇌에 대한 연구를 수반할 수밖에 없다. 지금까지의 인공지능 개발은 알고리즘을 설계하고 구현하는 기술적 방법론인 'IA(Intellectual Architecture)'가 중요했다. 머지않은 미래에는 인간과 융합하는 새로운 형태의 인공지능이 등장할 것이다. 뇌를 모사해 인간의 감정, 의식 등을 이해하고 적용하는 인공지능, 인간의 신체와 정신을 물리적으로 증강(Augmentation)해 주는 AI가 등장할 것이다(강태우 외, 2022).

현재 일상생활에서 접하는 AI를 보면 ① 소비자의 구매 욕구를 파악해 마케팅에 활용하거나, ② IoT(Internet of things, 사물 인터넷)와 연결해 사용자의 일상생활에서 편의를 지원하는 기능을 수행하거나, ③ 교통 정보, 날씨 정보와 같이 미래를 분석하고 예측하거나, ④ 반려동물과 같이 인간과 대화하며 감수성을 자극하는 제품 등을 들 수 있다. 그러나 세계 유수의 AI 개발 업체들은 인간과 유사한 AI 개발을 위해 치열한 경쟁을 하고 있다. 인간 뇌 신경 세포들이 신경망을 형성해서 작동하는 원리를 모방해, AI의 자율적인 학습 능력 진화를 만들어 인간과 거의 유사한 AI 개발을 도모하고 있다. 이는 신경과학이 제공하는 데이터(인간 언어, 행동의 뇌 작동 원리 등)를 기반으로 AI가 숨겨진 맥락을 이해하고, 환경에 맞는 행위를 도출할 수 있도록 하기 위함이다. 즉, 신경 과학으로 산출되는 생물학적 데이터를 AI로 분석해 뇌 원리를 규명하고, 이렇게 규명한 원리를 모사해 인간과 유사한 AI를 개발하는 것이다. 이러한 방식을 통해 AI와 신경 과학은 상호 영향을 주고받으면서, 선순환적 발전 체계를 만들어 내고 있다(Ienca, Vayena, 2018).

구체적으로 설명하면 AI가 정해진 규칙이 없는 유동적 상황에서 인간과 유사하게 의사를 결정하고 행동할 수 있는지에 대한 연구가 활발하게 진행되고 있다. 이를 위해 AI 개발자들은 신경 과학, 심리학 등을 응용해 AI가 스스로 의사 결정을 내릴 수 있는 'AI 인지 모델 프레임워크(Cognitive model & framework)'를 개발하고 있다(Glasspool, 2005). 더 나아가 AI 기술은 인간의 심리적 · 사회적 통찰력을 반영한 '통합적 인지 시스템(Integrated cognizant system)' 개발까지 시도하고 있다. 즉, AI에 인간 뇌 기능을 모사해 인간만이 가지고 있는 형이상학적 개념을 AI가 구현할 수 있도록 하는 것이다(정해동 · 이승철, 2017)

현재 AI는 인간의 지능과 신체 기능을 개선하는 인터페이스(interface) 역할도 수행하고 있다. 인간 능력을 향상하는 AI와의 물리적 통합에 대한 우려에도 불구하고 AI와 인간의 융합화는 빠르게 발전하고 있으며, 2025년 1월 라스베이거스에서 개최된 CES 전시회에서도 중요한 화두가 되었다. AI는 신경 과학, 나노 기술, 양자 컴퓨팅 등 타 분야와의 융합을 가속화해 진화하고 있다. 더 나아가 AI가 생명 공학, 정보학, 인지 과학 등과 융합해 인간과 기계의 경계마저 모호해질 것이라는 우려도 제기되고 있다(양천수, 2016).

AI, with human

심리학 테스트로 도식화된 좌뇌와 우뇌의 기능 분담을 처음 확인해 세계적 명성을 쌓은 인지 과학의 대가 마이클 가자니가(Michael S. Gazzaniga) 교수는 '미래의 어느 시점에서 인지 신경 과학은 구조적 신경 요소를 생리적 활동으로 유도하는 알고리즘을 설명할 수 있을 것이다'라고 했다(Fellous, et. al., 2019). 인간 지성(Natural intelligence)을 기계화한다는 관점에서 인공지능과 뇌과학의 연결성은 이미 오래전부터 밀접한 관련이 있었으며, 기존 단순 알고리즘 계산 방식을 넘어 인간 뇌 세포를 모사해서 인간이 이해하는 방식으로 똑같은 일을 반복하는 특징을 확인해 설명 라벨을 붙이기, 의사 결정 트리(Decision Making Tree) 만들기 및 통계 기반의 설명 모델 유추 등 다양한 접근 방법을 시도하고 있다. 인공 신경망 ANN(Artificial neural network)의 기존 모델을 변형한 역합성곱 신경망(Deconvolutional neural network)을 추가하는 등 기술적 접근이 더욱더 고도화되고 있다. 이러한 초지능으로의 발전은 현재 초거대 인공지능을 개발해 활용하고 있다. 초거대 인공지능은 특정 목적 없이 인공지능 스스로 인간의 뇌와 같이 사고, 판단, 행동하는 인공지능이다. 특히 우리나라의 네이버가 개발한 '하이퍼 클로바'는 국산답게 '한국어'로 개발자의 개입 없이 사람처럼 대화의 맥락을 이해하고 공감을 표현하는 능력을 갖추고 있다고 밝혔다(김인경, 2021).

미국 조지아공업대학의 스티브 포터(Steve M. Potter) 교수는 "뇌는 복잡하고 거대한 규모의 디지털 컴퓨터가 필요 없다. 두뇌에는 CPU가 없으며, 뇌의 기억 메커니즘은 물리적으로 분리할 수 없다. 뇌는 비동기적이고 연속적으로, 컴퓨터와 같이 세부적이고 복잡한 기판이 필요 없다. 뇌는 상호 순환적인 인과 관계로 형성되어 있고, 많은 세포를 활용한다. 뇌는 여러 가지 복잡한 방법을 사용해 다양한 세포를 병렬 구조로 연결하며 인공지능과 같은 지연(delay)이 없다"라고 강조했다(Potter, 2007).

그러나 포터 교수의 말을 반박하듯이, 최근 2021년 9월 국내 연구진이 사람 뇌의 신경 세포 연결망을 그대로 적용해 인공 신경망 기반의 혁신적 반도체 개발에 성공했으며(Ham, et al., 2021), 전력 소비량을 획기적으로 줄여 혁신적인 인공지능 개발 성과로 평가받고 있다. 인간 뇌 구조와 신경 세포의 특성을 모방해 만드는 미래형 반도체를 뉴로모픽(neuromorphic)이라고 하며, 뉴로모

픽은 인간의 뇌 신경 세포의 작동 원리를 인공지능의 핵심 소자인 반도체에 동일하게 이식하는 차세대 반도체로 각광받고 있다(Sun, et al., 2021). 뉴로모픽과 같은 뇌를 모사한 인공지능 개발의 핵심 기술로 뉴로피드백(Neurofeedback)이 있으며, 이는 대상자의 뇌에서 발생한 뇌파를 측정해 다시 적용하는 기술, 예를 들어 집중할 때 발생하는 뇌파를 측정해서 이 뇌파가 지속적으로 발생해 집중력이 향상될 수 있도록 하는 기술로 이런 피드백 방식을 응용해 인공지능 개발에도 큰 영향을 미치고 있다.

과학기술정보통신부와 정보통신기획평가원에서 2021년 10월 21일 개최한 '글로벌 인공지능 포럼'에서 서울대학 장병탁 교수, 미국 MIT 레슬리 캘블링(Leslie P. Kaelbling) 교수는 '뇌 인지 모사 인공지능'에서 인공지능 로봇이 스스로 정보를 모으고, 가지고 있는 기술로 계획을 세워 자가발전을 통해 목표를 이룰 수 있다고 설명했으나, 로봇이 사람처럼 생각하고 활동할 수 있는 시점에 대한 질문에는 현재 기술 수준으로는 아직 멀었다고, 사람을 초월할 것이라는 걱정은 시기상조임을 강조했다. 인공지능이 인간 뇌를 완벽히 대체하는 것은 불가능할 것으로 전망되나, 현재 인공지능은 인간 뇌의 기능과 향상에 직접적, 간접적으로 영향을 미치고 있다. 뇌와 컴퓨터를 연결하는 방법으로 신체 보조 및 증강과 함께 인간의 기억력 향상 등 인지와 감성을 증폭하는 기술도 등장하고 있다. 인공지능은 인간 뇌와 연계해 ① 뇌의 작동 메커니즘 연구, ② 인간 뇌의 전기 신호 전달 방식 탐색, ③ 뇌 신경 전기 신호와 인간 활동 사이 조정 메커니즘 연구 등 초지능을 향해 나아가고 있다(박형빈, 2020). 또한 여섯째 감각과 같은 새로운 분야도 등장하고 있다. 미각, 후각, 청각, 시각, 촉각을 감각이라고 하며, 시간, 고통, 감정을 인식, 인지라고 한다. 그리고 감각과 인식을 융합한 새로운 현실을 가상 현실, 증강 현실이라고 하며, 이제는 이를 넘어 여섯째 감각의 시대를 전망하고 있다. 기존 다섯 가지 감각을 확장, 복원하는 기술을 개발하고, 뇌와 기계의 연결로 기존 감각 경로를 통해 입수한 새로운 정보에 대해 여섯째 감각이 될 것으로 전망하고 있으며, 지구의 자기장과 연결한 기계 또는 입력 장치의 개발로 새로운 초지능, 초연결 사회의 등장을 예상하는 바도 있다. 자연적 센서(sensor)에 의해 인식의 주체인 뇌 과학은 ICT, 인공지능 등과 융합해 자연 그대로인 인간의 생물학적 한계를 넘어 새로운 인류가 탄생할 것이라는 전망도 제기되고 있다(Platoni, 2015). 인간의 이해, 공감의 능력을 키우고 확산하는 인공지능이 인간의 통제 범위를 벗어나게 된다면 우리는 어떻게 대처할 것인가? 인공지능의 기술적 알고리즘은 무궁무진하기에 기술적 결정론에 매몰될 가능성도 배제할 수 없음을 알아야 할 것이다(지여정, 2024).

변증법으로 유명한 헤겔의 『정신 현상 분석』에는 이러한 내용이 나온다. 인간은 하인에게 이것저것을 시키고, 하인은 이를 수행한다. 이런 현상이 계속되면 주인은 하인에게만 의지하게 되고, 하인이 알아서 모든 것을 다 하게 된다. 결국, 나중에 주인은 무엇을 해야 할지 모르며, 하인에게 모든 것을 의존해야 하는 아이러니한 현상이 나타나게 된다는 것이다(Mulgan, 2023). 하인이 주인의 주체성을 가지고, 주인이 하인의 특성을 가지는 전치(轉置) 현상에 대해 보다 진지하게 사회적 논의와 숙의를 시작해야만 할 것임을 강조한다.

참고문헌

강태우 외(2022). 인공지능과 인지증강 융합에 대한 법정책적 대응 방안 고찰. ≪법학연구≫, 32(2), 407-448쪽.

김인경(2021.5.25). 네이버 초거대 AI '하이퍼클로바", 뭐가 다를까. 블로터 뉴스, https://www.bloter.net/news/articleView.html?idxno=399

82
박형빈(2020). 뇌 신경 과학에서 인간 지성과 AI 윤리 문제의 도덕과 교육 과정 반영 방안. ≪초등도덕교육≫, 70, 277-318쪽.

양천수(2016). 탈인간 중심적 법학의 가능성: 과학 기술의 도전에 대한 행정법학의 대응. ≪행정법연구≫, 46, 1-24쪽.

정해동 · 이승철(2017). 산업 인공지능. ≪소음 · 진동≫, 27(6), 3-7쪽.

지여정(2024). AI와 함께 살기 - 피노키오 서사를 중심으로. ≪순천향 인문과학논총≫, 43(1), 29-53쪽.

Fellous, J. M., et. al.(2019). Explainable artificial intelligence for neuroscience: behavioral neurostimulation. *Frontiers in neuroscience*, 13(1346).

Glasspool, D. W.(2005). The integration and control of behaviour: Insights from neuroscience and AI. In Davis, D. N., *Visions of mind: Architectures for cognition and affect*(pp.176-203). IGI global scientific publishing.

Ham, D., et. al.(2021). Neuromorphic electronics based on copying and pasting the brain. *Nature electronics*, 4(9), pp.635-644.

Ienca, M. & Vayena, E.(2018). Dual use in the 21st century: emerging risks and global governance. *Swiss medical weekly*, 148(4748).

Mulgan, G.(2023). *When science meets power*. Polity.

Platoni, K.(2015). *We have the technology*. Basic books . 박지선 옮김(2017). 『감각의 미래』. 흐름출판.

Potter, S. M.(2007). What can AI get from neuroscience? In Lungarella, M., et al.(Eds.), *50 Years of Artificial Intelligence*(pp.174-185), Springer-Verlag Berlin Heidelberg.

Sun, W., et. al.(2021). Bursting potentiates the neuro – AI connection. *Nature Neuroscience*, 24(7), pp.905–906.

10
AI와 인간 사회 공존을 위한 법적, 제도적, 윤리적 준비

AI 기술이 발전하면서 인간 사회에 미칠 영향을 보다 긍정적으로 만들기 위해 필요한 법적, 제도적, 윤리적 과제들을 제시한다. 법과 제도는 항상 과학 기술 변화에 수동적으로 대응할 수밖에 없다. 이러한 단점을 극복하기 위해 사회 윤리적 토대를 먼저 함양해야 함을 강조한다.

종교와 AI?

개발자의 윤리 vs 사용자의 윤리

인공지능의 비약적인 발전을 보고 있으면, 과거 SF 영화에서나 보던 인공지능에 지배당하는 인간의 삶이 진짜 현실이 되는 것이 아닌가 하는 두려움도 가끔씩 느끼곤 한다. 이런 맥락에서 사회 국가적으로 미래 인공지능 윤리에 대한 사회적 합의와 올바른 윤리 규범을 시급히 마련해야 한다는 목소리가 높다. 우리나라 정부는 인공지능의 개발, 활용에서 올바른 윤리적 방향성을 정립하기 위해 2020년 12월 '사람이 중심이 되는 인공지능 윤리 기준'을 발표했다. 과학 기술 분야 외 윤리학, 법학 등 학계, 기업계, 시민 단체 등 전문가들의 의견 수렴과 공개 공청회를 거쳐 3대 기본 원칙과 10대 핵심 요건을 마련했다. 쉽게 말해서 인공지능의 개발 단계에서부터 인간 존엄성과 인본주의(人本主義)를 기본 가치로 연구 개발 과정에서 항상 우선해야 한다는 것이다. 현재 인공지능 윤리에 대해서는 정부와 민간 차원의 다양한 의견을 수렴해 다른 주요 선진국에 뒤지지 않게 선제적으로 윤리 방안 마련을 서두르는 것은 정말 다행스러운 일이 아닐 수 없다. 그러나 이런 인공지능의 개발과 전망, 윤리 문제를 보고 있는 가운데, 결국 인공지능은 우리 인간의 뇌와 링크(link)해 인간의 생각을 컴퓨터에 탑재하거나, 인간과 기계가 융합된 휴머노이드(humanoid)가 빠른 시일 내에 등장할 것 같다. 최근 신경 과학의 빠른 발전을 토대로 생각하고, 느끼고, 판단하며, 감성을 가진 인공지능의 등장은 우리에게 새로운 문제와 이슈를 던져 주고 있다. 현재의 인공지능 윤리를 뛰어넘는 새로운 사회 문제와 각종 윤리적, 법률적 문제가 어떠한 형태로 다가올지는 모르겠지만, 우리 생활 속에 보이지 않게 천천히 스며들고 있다는 생각은 다소 무리한 것일까? 그러나 인간을 모방해 자기 판단과 감정을 가지는 인공지능이 등장하면 과연 어떤 문제가 생기고 우리 사회에 어떤 영향을 미치게 될까? 현재 기술적인 인공지능 개발에 대한 윤리 방안을 뛰어넘는, 인간 뇌 연구를 기반으로 한 새로운 윤리 방안이 필요하다.

우리나라도 뇌 과학의 빠른 성장과 발전에 따라 인간 뇌 영상 이미지 분석 등 다양한 과학적 방법을 통한 윤리 방안 정립을 추진 중이다. 이를 '신경 윤리(Neuroethics)'라고 하며, 세계적인 블루 오션으로 후발 주자인 우리나라도 선제적으로 대응하기 위해 노력 중이다. 쉽게 말해서 기존의 보이는 모습만으로 사람을 판단하고 평가하는 것이 아닌, 우리 뇌를 연구해 그 판단의 근거가 무엇인지 생물학적 근거를 토대로 다양한 사회적 규범을 마련하겠다는 것이다. 다양한 뇌 과학자와 법학, 윤리학 전문가들이 모여서 뇌 과학을 기반으로 새로운 윤리 판단을 위한 다양한 과학적 근거를 찾고, 이를 표준화해 새로운 연구 패러다임을 만들기 위해 노력하고 있다.

인공지능 윤리와 신경 윤리는 최종 귀착점이 우리 인간의 뇌를 지향한다는 점에서 깊은 상호 관련성이 있다. 인공지능 윤리와 신경 윤리는 개별적 사안에 각각 적용해 운영할 사항도 있겠지만, 거시적이고 미래적인 사항에 대해서는 학제 간 공동 대응 방안을 마련해야 할 것이다.

개발자에게만 윤리적 개발을 강요하는 것은 현실적으로 매우 어렵다. 결국 AI를 개발하는 주체는 기업으로 수익성을 고려해야만 하기 때문이다. 기업의 기밀 사항인 알고리즘을 모두 다 동시에 공개하지 않는 이상은 인공지능 윤리 정립에 한계가 있을 것이다. 또한 사용자들이 이러한 상업적 용도의 인공지능을 어디까지 수용하고 확산해야 할지에 대해서는 개별적 도덕과 양심에 의존할 수밖에 없다. 아직은 성숙한 윤리 문화가 정립되지 않았기 때문이다.

현재 인공지능 윤리에 대한 다양한 토론과 사회적 합의를 위한 노력이 지속되고 있으나 신경 윤리를 포함한 기존의 윤리 체계를 뛰어넘는 새로운 사회적 담론이 형성되고, 이를 토대로 국가 사회적 합의를 통한 새로운 뇌과학 윤리 패러다임이 만들어져야 할 것이다. 신경 과학은 물리학, 생물학, 인공지능, 빅 데이터 등 여러 학제 간 연구를 기본으로 방대한 양의 컴퓨터 성능, 고가의 장비와 인프라 및 많은 양의 데이터와 다수의 이해 관계자가 참여해야만 가능한 연구 분야로 진화하고 있다. 이를 위해 관련 정부, 대학, 연구자, 기업, 공공 기관들이 힘을 모아 학제 간 연구에 힘을 모아야 할 것이다.

기술 결정론에서 벗어나 새로운 사회적 합의가 필요

이제까지 살펴본 신경 윤리와 인공지능 윤리는 모두 최종적으로 인간의 뇌를 지향하고 있다. 머지않아 이 모두를 포괄하는 새로운 통합 윤리의 필요성이 제기될 것이다. 각 과학 기술 분야별 독자적 연구 윤리를 중심으로 발전해 온 기존 윤리에 뇌 과학을 기반으로 새로이 통합적 접근을 한다는 것은 현실적으로 매우 어려운 일이다. 신경 윤리 자체가 아직 학문적으로 확실히 정립된 분야가 아닌 상황에서 통합적 윤리 마련은 구체적으로 어떤 방향으로, 어떻게 접근해야 하는지, 그리고 연구원과 법률, 정책 입안자들이 어떻게 실무적으로 개발, 적용해야 하는지 등 많은 시간, 비용과 더불어 사회적 논란을 유발할 가능성도 크다. 그러나 장기 이식, 배아 연구, 줄기세포 연구와 뇌사 인정 등 과거 단순한 의료 관행이 사회적 담론으로 형성되어 생명 윤리학을 탄생시킨 사례를 참고할 필요가 있다. 사회적 비용 소모를 최소화하고, 학문 발전을 촉진함과 동시에 적절한 규제와 관심으로 일반인에게 실효성 있는 윤리를 정립하기 위해서는 초기 단계에서 논의가 이뤄져야 한다(Chiong, 2020). 각 분야의 특수성과 차이점을 인정하고 이런 논의 과정 속에서 공통 영역을 발굴해 새로운 접근 방법을 논의하는 것 자체가 큰 의의를 가지며, 이런 공론의 장을 위한 플랫폼 마련이 필요하다.

우선 이론적 측면에서 신경 윤리와 관련해 지나친 우려와 조급함에 대한 반론도 있다. 미국 펜실베이니아대학 웩슬러(Anna Wexler) 교수는 2019년 8월 네이처(nature)에서 지나친 과민 반응을 경계해야 함을 지적하고 있다. EEG 상용화와 같은 신경 윤리 문제에 사전 안전장치를 마련해야 한다는 주장에 대해 '예상과 추측'만으로는 무리가 있다고 한다. 예상이 가치가 있으려면 현실에 기반한 증거가 있어야 하며, 단순 예측으로 대응하는 것은 과학적 방법이 아님을 주장하고 있다. 그리고 규제에 대해서도 이론적 타당성이 없는 단순한 규제는 과학 기술 촉진에 대한 회의론을 가지게 하며 과학 기술의 퇴보를 유발할 수도 있음을 지적하고 있다(Wexler, 2019).

사회 일각에서는 현재 발생하지 않은, 또는 진행 중인 사항에 대한 우려만을 근거로 일을 찬성하거나 반대하는 것은 대부분 객관적 사실에 근거하기보다는 기대 이익과 우려 같은 '추론'에 근거를 두고 있다고 생각한다. 신경 윤리와 같이 아직 일어나지 않은 일에 대해서는 사회적 비용보다는 혜택이 더 클 것이라고 낙관주의적으로 생각하는 경향도 있으나, 부작용에 대한 우려의 목소리가 큰 것도 사실이며, 이러한 우려에 대한 예방책으로 신경 윤리가 필요한 것이다. 다만, 이는 어디까지나 뇌 과학의 발전을 반대하는 것과는 입장이 다르고, 논거가 있는 저항으로 볼 수 있으며, 뇌 과학의 전문성과 복잡성, 예측 범위의 다양성, 불확실성 등으로 오류가 발생할 소지도 충분하다. 뇌의 증강과 같은 사안은 아무리 기술 수준이 발전해도 완벽하다고 할 순 없으며 위험성도 크지만, 그렇다고 해서 우려를 근거로 폐쇄적으로 R&D 발전을 저해할 수는 없다(Buchanan, 2011). 이런 오류를 최소화하고 과학 기술 발전을 촉진하기 위해서는 현실을 인정하고 우리 사회에서 삶의 주체성을 놓지 않도록 다양한 분야와 통섭이 필요하며 신경 윤리는 이러한 플랫폼의 기능을 수행해야 한다. 다른 측면에서 보면 신경 윤리에 대한 연구 자체가 진행 중이고, 이런 과정에서 기존 윤리 프레임과의 통합적 논의는 신경 윤리 자체에 대한 새로운 접근 방법을 고안할 수 있으며, 보다 광범위한 목표와 연구 영역을 더 확장해 나아갈 수 있다는 장점으로 활용할 수도 있다. 그리고 과정과 방법론적 측면에서 각 국가별로 상이한 법률, 문화적, 역사적 배경과 경제적 요인 등이 방해 요소로 작용하고 있으며 '인류의 난제(難題)'인 뇌 과학을 수행하기 위해선 국가별 거버넌스와 또한 상호 협력적인 '초(超)국가적 협력 거버넌스' 구축이 필수적이다(Emerging issues task force & International neuroethics society, 2019).

인간의 뇌는 생물학 요인뿐만 아니라 사회적, 문화적, 환경적 요인에 따라서 복잡한 상호 의존성을 형성하고, 이를 배경으로 구조와 기능이 형성된다. 이러한 요인이 어떻게 뇌 건강, 탄력성, 취약성을 형성하는가를 연구하기 위해서는 각 지역, 국가별로 고유의 특성 반영이 필수적이다. 그러나 세계 주요국 전반에 걸쳐 다양한 윤리, 법률적 기준을 조화하고, 윤리적 우선순위를 매기기 위해 문화적 차이, 서로 다른 가치 체계와 역사적 전통을 감안하고 조정하는 것은 어려운 작업이다. 글로벌 협력을 통한 공동 문제 해결을 위해서는 이를 조정할 '완화된 규칙(Psychosurgery review board)'과 같은 표준 윤리 지침 마련이 사전에 전제되어야 한다. 신경 윤리가 적절한 거버넌스 구조와 원칙에 대한 국제적 합의를 어렵게 만들 수 있는 관할 구역 간의 가치 차이를 이해하고 연결하는 역할을 수행할 것을 국제 사회는 요구하고 있다(강태우 외, 2023).

참고문헌

강태우 외(2023). 제4차 뇌 연구 촉진 기본 계획 중 신경 윤리학 분야에 대한 비판적 검토. ≪생명윤리정책연구≫, 17(1), 123-154쪽.

Buchanan, A.(2011). *Better than human: The promise and perils of enhancing ourselves.* Oxford university press. 심지원·박창용 옮김(2015). 『인간보다 나은 인간: 인간 증강의 약속과 도전』. 로도스.

Chiong, W.(2020). Insiders and outsiders: Lessons for neuroethics from the history of bioethics. *AJOB neuroscience*, 11(3), pp.155-166.

Emerging issues task force & International neuroethics society(2019). Neuroethics at 15: The current and future environment for neuroethics. *AJOB neuroscience*, 10(3), pp.104-110.

Wexler, A.(2019). Separating neuroethics from neurohype. *Nature biotechnology*, 37(9), pp.988–990.

강태우

경일대학교에서 행정학(신경 윤리학 전공) 박사 학위를 받았으며, 대구경북과학기술원을 거쳐 현재 한국뇌연구원에서 근무하고 있다. 기초과학연구원, 대구경북첨단산업의료진흥재단, 한국연구재단에서 전문 위원으로 파견 근무를 했으며, 국가과학기술연구회를 비롯해 과학 기술계 정부 출연 연구 기관에서 다양한 심사, 평가 업무도 수행하고 있다. 인문 사회 과학자이지만 신경 과학, 인공지능 등 첨단 과학 기술이 사회에 미치는 영향과 상관관계에 대해 연구하고 있으며, 특히 현실 사회에서 발생하는 쟁점과 문제 해결을 위한 실천적 방향 설정과 정책 대안 마련 등 폭넓은 주제를 대상으로 융합 연구 활동을 수행하고 있다. 저서로는 『신경 윤리 입문』이 있으며, 뇌 융합 연구 생태계 조성, 인공지능과 신경 과학의 융합 연구, 범죄와 신경 과학의 상관관계, 조력 존엄사에 대한 윤리적 검토 등을 주제로 약 20여 편의 논문을 KCI에 개재했다. 이외에도 ≪헤럴드경제≫, ≪매일신문≫, ≪전자신문≫, ≪교육연합신문≫ 등 다양한 언론 매체에 기고한다.

문제일

연세대학교에서 생화학 전공으로 학사 학위를 받았으며, 영국 임페리얼대학에서 생명 공학 석사와 신경 생물학 박사 학위를 받았다. 이후 미국 존스홉킨스 의과대학 신경 과학과에서 박사 후 연구원, 선임 연구원과 전임 강사로 재직하며 향기 감지와 향기 정보의 뇌인지 처리 과정 연구 개발 업무를 수행했다. 2009년 대구경북과학기술원(DGIST) 제1호 교수로 뇌 과학 전공(현 뇌과학과)에 부임했으며 교학본부장, 교학처장, 입학처장, 교무처장, 대학원장을 역임했다. 2014년부터 DGIST 후각융합연구센터를 연구소장으로 개소했으며, 2019년부터 국가 지정 대학 중점 연구소 사업을 수탁해 '대학중점연구소 DGIST 후각융합연구센터'를 운영하고 있다. 학자로서 미국신경과학회, 한국뇌신경과학회 등 뇌 과학 분야 주요 학회에서도 활발한 활동을 펼치고 있다. 현재 한국뇌신경과학회 회장이다. 국가 과학 발전을 위해 국가과학기술자문회의 미래 전략분과 전문 위원, 과학기술정보통신부 바이오 의료 기술 개발 사업 추진 위원회 전문 위원, 뇌 연구 촉진 심의 위원회 전문 위원으로 활동했으며, 대통령 표창과 교육부 장관 표창 등을 수상했다. 한편 과학 대중화에도 관심이 많아 100여 회가 넘는 과학 대중 강연을 했으며 ≪영남일보≫에 "향기 박사의 뇌 이야기"를 연재하고 있고, 저서로 『나는 향기가 보여요』, 『다시 봄, 바람(과학잡지 에피Epi 27호)』, 『과학 기술로 여는 대한민국 내일(과학잡지 에피Epi 27호)』가 있다. 최근 "AI 영재학교 충북과학고 전환 타당성 및 운영 모델 연구", "SW · AI 인재 양성을 위한 인공지능과 뇌 과학 교육 과정 특별 강연 시리즈" 등에 참여해 "인공지능과 뇌 인지 과학의 미래" 관련 기획과 교육 활동에 참여하고 있다.

최지웅

서울대학교에서 학사, 석사, 박사 학위를 받았고 유무선 통신 및 신호 처리 분야를 전공했다. 미국 스탠포드대학교에서 박사후 연구원을 거쳐 실리콘밸리 소재의 Marvell Semiconductor사에서 이동 통신 관련 연구 개발 업무를 수행했다. 2010년 대구경북과학기술원(DGIST) 정보통신융합전공(현 전기 전자 컴퓨터 공학과)에 부임했으며 입학처장으로 재임했다. DGIST 뇌공학융합연구센터를 개소해 센터장으로 일하고 있으며, DGIST 뇌 과학과, 로봇 공학과, 전기 전자 컴퓨터 공학과, 국립 뇌연구원, 생명공학연구원 산하 국가 영장류 센터, 서울대학교 병원 등과 함께 파킨슨병 완화를 위한 차세대 폐 루프 뇌 심부 자극기 개발 국가 과제를 책임자로 수행했다. 미세한 신호에서 정보를 추출하고 원거리로 전달하는 통신 및 신호 처리 분야를 바탕으로 6세대 이동 통신, 차량 통신, 모빌리티, 뇌-컴퓨터 인터페이스, 인공 감각 기술 등 미래 산업 관련 기술들을 연구하고 있다. 한국통신학회 상임 이사, 한국자동차공학회 이사, 한국모빌리티학회 이사 및 공동 편집장, 한국뇌신경과학회 대의원 등을 맡고 있으며, 한국통신학회 부호 및 정보 이론 연구회와 대한전자공학회 통신 연구회의 위원장을 역임한 바 있다. 한국연구재단 전문위원, 한국보건산업진흥원 전문 위원, 한국교육학술정보원 자문 위원 등을 맡은 바 있으며, 과학기술정보통신부 장관 표창, DGIST 20주년 포상 등을 수상했다. IEEE Senior Member로 IEEE TMBMC(Transactions on Molecular, Biological, and Multi-Scale Communication) 및 JCN(Journal of Communications and Networks) 저널의 편집자로도 일하고 있으며, 다수의 국내외 학술 대회들의 운영 위원으로 활동했다. 80여 편의 국제 SCI(E) 학술지를 포함해 현재까지 200여 편의 논문을 국내외에 발표했으며 80여 건의 특허를 출원·등록했다. 다수의 기술 이전 및 스타트업 공동 창업 등 다양한 산업화 활동도 활발히 진행하고 있다.